GESCHICHTEN GEDANKEN GEDICHTE

Eine Berner Anthologie mit 100 Texten

Impressum

1. Auflage: August 2017
ISBN: 978-3-033-06278-8

© ewiPOS 2017 & den beteiligten Autoren / Verlagen

Alle Rechte der deutschen Ausgabe
© ewiPOS Verlag, Schliern / Bern

Auftraggeber:
Berner Schriftsteller / innen Verein BSV

Umschlaggestaltung:
SIRO Grafik, Worblaufen

Layout & Satz:
Jan Dubach, Biberist

Lektorat:
Susanne Thomann, Urtenen, Lektorin ADB, Miriam Flückiger, Biel

Korrektorat:
Magrit Dietschi, Aarburg

Druck & Bindung:
Finidr, s.r.o., Ceský Tešín
Gedruckt in der Tschechischen Republik

INHALT

GRUSSWORT
Alec von Graffenried, Berner Stadtpräsident 9

VORWORT
Daniel Himmelberger, Präsident BSV 10

GRAU IN GRAU IN GRAU
Gabriel Anwander 13

DIE FRAU IM MORGENMANTEL
Karin Bachmann 17

DIE RÖSTIPLATTE
Ruth Balmer 20

DAS KUNSTWERK
Margot S. Baumann 22

JE T'AIME
Urs Berner 26

GESCHENKTE – UND HÄRTERE TAGE
Therese Bichsel 29

VERRAT
Virginia Bischof Knutti 32

MAN GEHT JA MIT DER ZEIT ...
Adelheid Blättler 35

KEIN ICH SEIN
Evelin Blum 39

MAMMA, WAS IST DAS?
Henriette Brun-Schmid 42

DR «COFFEE SHOP»
Stefanie Christ 44

SO
Walter Däpp 46

MAX
Urs Dickerhof 48

SO ALSO SAH ER SIE
Hannelore Dietrich 52

ONCE UPON A TIME
Marc Urs Eberhard 56

TEXTE
Peter Fahr 60

IM BUS
Regine Frei 64

AM KÜCHENTISCH
Christina Frosio 67

IN DEN STERNEN
Christoph Geiser 70

AUF DEM LAND
Iris Gerber 74

DER AUFBEWAHRER
Domenico Gottardi 79

DIE ZAUBERFLÖTE
Lukas Hartmann 82

DAS FLIMMERN DER STERNE
Hans Herrmann 84

DIE LEICHE IM SCHNEE
Himmelberger / Marretta 88

FROSCHPOLKA
Thomas Hügli 92

FLIEGER STÖREN LANGSCHLÄFER
Sabine Hunziker 96

SCHWEBUJU
Kurt Hutterli 98

GEDICHTE
Jost Imbach 101

POISSONNIER
Vladislav Jaros 106

SPRICHWORTE
Els Jegen 110

KÖNIG FAHD HINTERLÄSST NUR ZWEI STUTZ
Thomas Kowa 113

ALLES PELATI
Peter Krebs 117

MAGDALENA
Paul Lascaux 121

HANNAS ENTSCHEIDUNG
Cornelia Leuenberger 124

DIE BEGEGNUNG
Teres Liechti Gertsch 128

TEXTE
Bruno Lüscher 132

TEXTE
Rolf Mäder 139

DÄTTWYLERS DORLI SINI ABVERHEITI VERLOBIG 143
Sunil Mann. 143

IM SCHLOSS
Marretta / Himmelberger 147

VOR EIBEN KANN KEIN ZAUBER BLEIBEN
Luisa Marretta 149

DIE MAROKKANISCHE KATZE
Ursula Meier-Nobs *153*

GEDICHTE
Erwin Messmer *157*

VON VÖGELN AM SPIEZBERG
Gerlinde Michel *162*

KARTOFFELN
Markus Michel *165*

EINE KLEINE NACHTMUSIK
Konrad Pauli *169*

WÄHLEN
Lorenz Pauli *173*

ONTARIO. MINNESOTA. SASKATCHEWAN
Thomas Röthlisberger *175*

FADEGRAD GREDIUSE PLODERET
Christine Rothenbühler *179*

GORGONZOLA
Sandra Rutschi *182*

FINGEROUGE
Yvonn Scherrer *185*

HIMU U ÄRDE
Schlup Theresa *188*

ENGEL IM MINISCHÜPP
Ueli Schmid *192*

DIE KATHEDRALE
Thomas Schweizer *196*

DONA
Frank Seethaler *198*

WINDRÄDER
Martin Städeli *202*

DER MANN IM MUSEUM
Helen Stark-Towlson 204

TEXTE
Frieda Stauffer 206

DER SCHÖNLING
Franziska Streun 211

TSCHALPERUGEL
Susanne Thomann 215

MINIATURE
Barbara Traber 219

DR SCHÄLLENÄNGEL VOM PAUL KLEE
Barbara Von Arx 222

SPIEGELUNGEN
Erika von Gunten 225

SPRECHEN
Ernst Waldemar Weber 228

DER CLOWN GOTTES
Werner Wüthrich 231

ENTLARVUNG
Katharina Zimmermann 236

MY WÖRTERSACK
Hans Jürg Zingg 239

OPERA BUFFA (QUASI UNA FANTASIA)
Ueli Zingg 248

STROMBOLI – EINE NACHT AUF DEM VULKAN
Roland Zoss 252

GRUSSWORT
Alec von Graffenried, Berner Stadtpräsident

Lesen ist nicht gleich lesen. Von Amtes wegen lese ich in meinem Berufsalltag natürlich äusserst viel. Und ich lese das meiste auch sehr gerne. Das ist allerdings keine Selbstverständlichkeit. Denn vieles, was ich zu lesen habe, ist weder besonders unterhaltsam, noch genügt es irgendeinem künstlerischen Anspruch. Doch das spielt in meinem beruflichen Umfeld auch keine Rolle – dort lese ich nämlich um zu arbeiten und um Entscheidungen zu treffen und nicht um persönlich unterhalten zu werden.

Ganz anders sieht es natürlich in meiner Freizeit aus. Ich lese zwar auch dann sehr gerne. Dies aber natürlich mit einer ganz anderen Erwartungshaltung. Ich will Geschichten lesen, die mich inspirieren, die mich bewegen, die mich unterhalten und die mich vielleicht bereits bekannte Dinge in einem neuen Licht sehen lassen. Gerade deshalb sind für mich die Werke von Berner Künstlerinnen und Künstlern, also von Schriftstellerinnen und Poeten, aber auch von Songschreiberinnen und Wortakrobaten besonders wichtig. Weil sie die einzigen sind, die mir Geschichten erzählen aus einer Welt, die ich bereits bestens kenne, es ihnen aber gleichzeitig immer wieder gelingt, mir dabei neue Türchen und Tore zu eröffnen. Wie zum Beispiel den Einblick in die Psyche der Buchhändlerin Margret, den Lukas Hartmann seinen Leserinnen und Lesern in seinem letztjährigen Roman «Ein perfekter Mieter» so meisterlich gewährte. Es sind Texte, Lieder oder Geschichten wie diese, die unser gemeinsames Leben so ungemein bereichern und uns unseren Alltag versüssen.

Wer eintauchen will in das Schaffen der Berner Schriftstellerinnen und Schriftsteller, der erhält mit der vorliegenden Anthologie des Bernischen Schriftstellerinnenvereins Gelegenheit, dies vollumfänglich zu tun. Ich wünsche Ihnen, lieber Leserinnen und Leser, dabei viel Musse und Vergnügen.

VORWORT
Daniel Himmelberger, Präsident BSV

Liebe Leserinnen und Leser, liebe Kolleginnen und Kollegen
Ich freue mich, Ihnen unsere neue BSV-Anthologie präsentieren zu dürfen.
Seit der Herausgabe des «mutz»-Lexikons im Jahre 1989 und der «Berner Texte» im Jahre 2002 sind erneut einige Jahre verstrichen. Grund genug, wieder einmal mit einer Publikation an die Öffentlichkeit zu treten. Erneut können wir mit Stolz auf ein vielfältiges und für die Berner Literatur einmaliges Werk hinweisen, das wie kein anderes das aktuelle literarische Schaffen im Kanton Bern aufzeigt. Die Beiträge – von Lyrik über Auszüge aus Romanmanuskripten, Jugendbüchern, Kolumnen, Gedichten und Kurzgeschichten – sind zu einem grossen Teil unveröffentlicht und geben einen Einblick in das vielseitige bernische literarische Schaffen. Vertreten sind auch verschiedene Mundarttexte. Dadurch wird die Anthologie zu einem aufschlussreichen Dokument der Gegenwartsliteratur in unserem Kanton. Die Anthologie eignet sich für ein breites Lesepublikum, aber auch für Schulen und Bibliotheken.
Der Berner Schriftstellerinnen- und Schriftsteller-Verein wurde 1941 gegründet, in der Absicht, dem damals vorherrschenden Geist des Nationalsozialismus entgegenzuwirken. Nach dem Krieg entwickelte sich der BSV zu einer bedeutenden Stütze des Berner Kulturlebens. 1948 veranstaltete der BSV auf dem Mont Pèlerin ein erstes europäisches Bürgermeistertreffen, bei dem es nach dem 2. Weltkrieg erstmals zu deutsch-französischen Gesprächen zwischen Bürgermeistern kam. Aufgrund dieser Initiative des BSV entstand später die internationale Bürgermeister Union (IBU).
In den 1960er Jahren beheimatete der BSV nebst einer bürgerlichen Zunft von Schreibenden auch die aufkommenden modernen und «wilden» Literaten. Prominentestes Mitglied war damals

Friedrich Dürrenmatt. Seine Weggefährten waren Kurt Marti, Helen Stark-Towlson, Alfred A Häsler, Erwin Heimann, Gertrud Heizmann, Jörg Steiner, Sergius Golowin, Ernst Eggimann, Peter Lehner und Walter Vogt. Dies sind nur einige Namen aus einer langen Liste von ehemaligen Autorinnen und Autoren des BSV, welche ich im Jahrbuch – das seit 1946 geführt wird – herausschreiben konnte.

Dem BSV geht es gut. Dies dank der vielen Aktivitäten, die wir nach wie vor durchführen: Mit verschiedenen kulturellen Anlässen wie öffentliche Lesungen, Präsentationen, Dîners littéraires, Schiffslesungen auf dem Bielersee, ist es uns gelungen, unseren Verein attraktiv zu erhalten, was eine Vielzahl von Neueintritten belegt. Ein starker Berner Schriftstellerinnen und Schriftsteller-Verein macht immer noch Sinn, haben wir doch einiges zum lokalen Kulturleben beizutragen.

Der BSV dankt der Stadt Bern und dem Kanton Bern, der Burgergemeinde Bern und der Stiftung Felsengrund für die namhafte Unterstützung dieses Werkes. Ebenfalls grossen Dank an die Gemeinde Köniz, in deren herrschaftlichen Schlossmauern die Publikation der Anthologie mit einer Marathonlesung gefeiert werden kann, dass sie das Projekt finanziell unterstützt haben.

Ich bedanke mich herzlich bei allen Autorinnen und Autoren für ihre Beiträge. Es ist nicht selbstverständlich, dass derart viele Schriftsteller mitmachen. Die Tatsache, dass dies auch im Jahre 2017 gelingt, freut mich sehr.

Danken möchte ich auch Susanne Thomann, welche die Texte lektoriert hat. Schliesslich möchte ich Thomas Hügli und seinem ewiPOS-Verlag danken, der die Texte publiziert hat.

In diesem Sinne wünsche ich Ihnen beim Lesen der BSV-Anthologie viel Vergnügen.

im Juli 2017

GRAU IN GRAU IN GRAU
Gabriel Anwander

Es bestand keine Hoffnung mehr, die Wunde sah übel aus und alles war voll Blut: Vaters Nacken, Haare, Schultern, Hände. Ein Wunder, dass er es bis vor die verrammelte Tür geschafft hatte. Den Spuren nach, die auf der Gasse zu sehen waren, war er das letzte Stück gekrochen. Die roten Abdrücke auf dem Asphalt und ein Faden aus Blut verloren sich im Nebel.

Die Lammfelljacke war zerfetzt, damit war klar: Ein Luchs hatte ihn angefallen. Wahrscheinlich unten am Fluss, denn Vater war losgezogen, um zu fischen.

Bestimmt hatte er versucht, ihn abzuschütteln und zu töten.

«Du darfst auf keinen Fall zu Boden gehen», hatte er mir einmal eingebläut. «Der Luchs tötet mit einem Biss in den Nacken. Bleibst du stehen, lässt er von dir ab. Hörst du? Geh bloss nicht zu Boden!»

Er hatte mir vorgemacht, wie er die letzte Attacke abgewehrt hatte, wie es ihm gelungen war, einen gewaltigen Luchs abzuwerfen und zu erschiessen. Er hatte sich vorgebeugt wie ein Judoka und war zurückgeschnellt wie eine junge Tanne.

Seit jenem Tag wusste ich: Irgendeinmal wird ein riesiger Luchs meinen Vater töten, einer dieser Bestien, die sich seit dem Aufkommen des Nebels in der Gegend herumtrieben. Das wird der Tag sein, an dem auch Mutter und ich diesen Ort werden verlassen müssen.

«Ich fange uns einen Luchs», hatte er gesagt. «Einen jungen. Wir zähmen ihn und halten ihn als Schutztier. Dann sind wir gefeit.»

Immer wieder fing er davon an. Ganz besessen war er vom Gedanken, ein gezähmter Luchs würde uns besser schützen als die täglichen Gebete.

Jetzt war es zu spät. Vielleicht hatte der Luchs ihn gepackt, während er ein Schaf fesselte, um es nach Hause zu tragen. Wegen des Nebels hatte er vermutlich nicht bemerkt, dass die anderen Schafe den Tod längst gewittert hatten und geflohen waren. Wo immer der Kampf stattgefunden hatte, die Schuld lag an diesem verfluchten Nebel. Die menschlichen Sinne taugen nichts im Nebel. Er hüllt alles ein, er dämpft die Geräusche und entstellt die Gerüche.

Vater lag in einer verkrampften Haltung auf der Treppe, die rechte Hand steckte unter seinem Körper. Wir drehten ihn auf den Rücken, behutsam und mit der Befürchtung, er könnte noch einen Seufzer von sich geben, oder eine letzte Warnung an Mutter und mich, seine Tochter, richten, oder – und das hätte mich am wenigsten erstaunt – eine Geste des «verzeiht mir», weil er uns allein liess an diesem Ort, in diesem elenden Nebel. Seit Jahren hüllte sich die Erde ein, als habe sie die Menschheit satt, als wolle sie den Lauf der Natur zurückzudrehen, zurück bis an den Anfang.

Vaters Blick war gebrochen, in der verdeckten Hand kam seine Pistole zum Vorschein. Ich untersuchte das Magazin und war froh, Mutters Gesicht nicht sehen zu müssen, während sie ihm die blutigen Haare aus dem Gesicht strich.

Er hatte zweimal geschossen. Kein Zweifel, er hatte sich gewehrt. Da fiel mir auf, dass sein Jagdgewehr fehlte.

Ich blickte zur Kirche hinüber, die wenige Schritte entfernt stand, sah aber nur ihr Portal. Es wirkte verschwommen, wie eine Kulisse, vor der ein grauer Vorhang hin und her bewegt wird. Die Rufe der Krähen hallten herüber, es klang wie Hohngelächter. Gewiss stolzierten sie wieder auf den Bänken herum und bekleckerten alles mit Kot. Vor einem Jahr hatten Unbekannte sämtliche Scheiben eingeworfen und seither führten uns die Krähen vor Augen, wie gottverlassen wir inzwischen lebten. Vater war Pfarrer gewesen, er hatte vor Jahren aufgehört zu predigen.

Dieses Gekrächze! Ich hätte ihnen in meinem Zorn und in meiner Trauer am liebsten die letzten Kugeln ins Gefieder geschossen. Oh, wie ich diese schwarzen Vögel hasste, die das Fliegen aufgegeben hatten und sich in den Gassen mit den Ratten um den Unrat stritten.

Ich vermisste meine Freunde, das Flanieren und Spielen im Park, und natürlich die Orgel und den Gesang in der Kirche.

Der Nebel hatte sich eingeschlichen, dann dauerhaft festgesetzt und die Menschen vertrieben. Zuweilen drang er bis in die leeren Häuser vor. Im Morgengrauen konnte er so dick sein, dass man seine eigenen Schuhe nicht sah. Mal schwappte er hin und her, mal verharrte er, dann wieder strich er dahin, tagelang in dieselbe Richtung. Seit Jahren verhüllte er nachts den Mond und die Sterne und tagsüber die Sonne, so dass man nie sagen konnte, wo sie stand.

Die Wiesen und Felder, die Wege, die Bäume im Wald, alles war von Flechten überwuchert. Die Menschen hatten die Gegend verlassen, sie waren den Fluss entlang in die Berge geflüchtet, wo es angeblich noch nebelfreie Tage gab, weit über der Waldgrenze.

Horden zogen damals durch die Stadt, plündernd, sich gegenseitig bekämpfend, im Wettlauf um die letzten besonnten Hänge. Der Gestank der Feuer, die sie auf den Plätzen entfachten und über denen sie Lämmer brieten, dieser Gestank, der an Altöl und verbranntes Horn erinnerte, blieb oft wochenlang in der Luft hängen.

Die Schafe, Ratten, Krähen und Luchse scherten sich nicht um den Nebel. Die Luchse lebten von den Schafen, die Schafe von den Flechten und die Ratten und Krähen vom Müll, der überall herumlag. Vor der Stadt traf man immer auf Schafe. Die Schafe in den Flechten und dazu der Nebel: ein Bild von Grau in Grau in Grau.

Vielleicht schmerzte gerade deswegen das Rot von Vaters Blut, verschmiert auf unserer Treppe, so schrecklich in meinen Augen.

Wir schleppten seine Leiche hinters Haus. Ich hob ein Grab aus und Mutter ordnete im Haus die Dinge, die wir mitnehmen würden.

Am nächsten Morgen machten wir uns auf den Weg und tasteten uns zum Fluss hinunter.

Unter einer Linde stolperte ich über das Jagdgewehr und fand unweit davon den toten Luchs. Ich beugte mich über ihn, um im Fell nach den Spuren der Einschüsse zu suchen, da hörte ich über mir ein Fauchen und Knurren, so nah und drohend, dass sich meine Nackenhaare sträubten. Im Geäst hockte ein Jungluchs. Er fürchtete sich vor uns mehr, als wir uns vor ihm. Wir brauchten viel Zeit, um das durstige und widerspenstige Tier herunterzuholen. Als wir es hatten – kehrten wir heim.

Gabriel Anwander (1956), geboren und aufgewachsen in der Ostschweiz, lebt heute im weitgehend nebelfreien Emmental. Er spielt kein Instrument, betreibt kaum Sport, mag Bücher, gutes Essen und ausgedehnte Spaziergänge.

DIE FRAU IM MORGENMANTEL
Karin Bachmann

Ich schrecke hoch. Das Bett neben mir ist leer. Vor Angst bekomme ich kaum Luft; als umklammere jemand meine Kehle. Ich rede mir ein, dass ich mir seine nächtliche Abwesenheit ja von früher gewohnt bin. Ich mache die Nachttischlampe an und starre an die Decke. Es ist alles in Ordnung!

Kommissar Gabathuler schlenderte durch die fremde Wohnung. «Tatort», korrigierte er sich. Es war besser, Abstand zu halten. «Wohnung» klang intim; nicht die richtige Bezeichnung für einen Ort, wo vor kurzem zwei Leichen gefunden worden waren. Ein Tatort dagegen war neutral, steril, davon konnte man sich distanzieren. Und Distanz, das hatte er in seiner langen Dienstzeit weiss Gott gelernt, war sogar nötig.

Dieser Tatort berührte ihn. Das war nicht gut. Er war mit der Aufklärung zweier Todesfälle beauftragt, da durfte er sich nicht ablenken lassen. Aber die Wohnung wirkte so vertraut, hätte seine eigene sein können. Die Opfer waren im selben Alter wie er und Trudi. Sogar das Nachthemd und den Morgenmantel der weiblichen Leiche glaubte er schon einmal gesehen zu haben.

Scheinwerfer verströmten kaltes, weisses Licht. Die SpuSi war bei der Arbeit. Sie staubten alles ein, nahmen Fingerabdrücke. Die Lichtschalter waren noch tabu.

Ich wünschte, die Tür ginge auf und Ueli käme zurück ins Bett, zurück zu mir. Wenn man Tag für Tag mit Verbrechen zu tun hat, ist es kein Wunder, wenn sie einem ins Mark gehen, Denken und Handeln bestimmen. Das würde jeden bis in den Schlaf verfolgen.

Schliesslich setze ich mich auf und angle das Tagebuch aus der Nachttischschublade. Das Verfassen der Einträge verkürzt mir das Warten.

Gabathuler drehte sich zu seinem jungen Kollegen um.

«Was haben wir hier, Huber?»

«Die Frau sass schlafend auf dem Sofa, als sie erschossen wurde. Diese Pillen fanden wir neben ihr auf dem Teppich.» Er reichte Gabathuler die braune Plastikdose.

Der runzelte die Stirn. «Ein rezeptpflichtiges Beruhigungsmittel? Stellen Sie einen Mann ab, er soll sofort den Arzt befragen!»

«Schon geschehen», antwortete Huber. Dann fuhr er fort: «Den Ehemann haben wir in der Küche gefunden. Das sollten Sie sich ansehen ...»

Huber ging voran. Die Küche war klein, aber blitzblank und ordentlich. Der dunkle Fleck an der Wand hinter dem Küchentisch störte. Die männliche Leiche sass zusammengesackt auf einem Stuhl. Darunter lag eine Pistole; glänzendes Schwarz auf olivgrünem Linoleum.

«Anscheinend hat er seine Frau betäubt, bevor er sie erschoss. Danach blies er sich selber das Hirn heraus.»

Gabathuler warf seinem Kollegen einen bösen Blick zu. Der entschuldigte sich. Mit einem müden Nicken gab Kommissar Gabathuler Huber zu verstehen, dass es in Ordnung sei. Jeder hatte seine Art, mit dem Grauen umzugehen.

«Erweiterter Selbstmord, also?», fragte Gabathuler.

«Wahrscheinlich», meinte Huber, «aber was halten Sie davon?» Er öffnete den Küchenschrank.

Das Vergessen begann an einem Donnerstag. Der Verdacht war mir schon lange im Nacken gesessen. Unerbittlich klopfte er mir auf die Schulter, zeigte mir doppelt Bestelltes, machte mich auf falsch gewählte Worte aufmerksam. Als Ueli die Käsetheke im Supermarkt nicht mehr finden konnte, liess es sich nicht mehr verdrängen. Jener Donnerstag hat mir meinen Ueli gestohlen.

Er ist immer noch nicht ins Bett gekommen. Die Vergangenheit hält ihn heute länger als üblich in ihren Klauen.

Gabathuler starrte auf die Tablare. Fein säuberlich gekennzeichnete Dosen mit Lebensmitteln und Gewürzen reihten sich aneinander. Aber auch alles andere war beschriftet. «TASSE» las er oder «TELLER», «Besteck in der Schublade vor dir», informierte ein kleines Schild auf dem untersten Regal.

Das Licht geht an. Gabathuler ist einen Moment desorientiert. Er schaut an sich herunter und merkt, dass er Pyjama und Hausschuhe trägt. Er dreht sich um. Huber ist verschwunden. Die Leiche auch. Dafür steht da plötzlich eine Frau im Morgenmantel. Die Tote aus dem Wohnzimmer?

«Ueli», fragt sie sanft, «geht es dir gut?»

«Ja», entgegnet Gabathuler. Aber er ist sich nicht sicher. Geht es ihm gut?

«Du wolltest dir wohl eine heisse Schokolade machen?»

Kurz darauf sitzt Gabathuler am Küchentisch. Die Frau im Morgenmantel neben ihm legt ihre Hand auf die seine. Er trinkt eine heisse Schokolade, von der er nicht weiss, ob er sie wollte, und fragt sich, wo Huber geblieben ist.

Liebes Tagebuch. Natürlich weiss ich, dass Ueli nie mehr zurückkommt. Aber manchmal finde ich ihn noch, wenn ich in seine Augen sehe. Wie er war. Wie er immer für mich sein wird.

Karin Bachmann (1969), lebt in Pieterlen im Berner Seeland.

Veröffentlichungen umfassen mehrere Kinder-Krimis im SJW-Verlag sowie «Die Venezianischen Perlen» (Englisch und Deutsch) und «Auf die Liebe» in «Mord in Switzerland Band 2». Zu ihren Leidenschaften gehören Reisen und Sprachen. Blog: http://stories47277.blogspot.com.

DIE RÖSTIPLATTE
Ruth Balmer

*Aus den Kindheitserinnerungen
meiner Grossmutter Anna Krähenbühl*

Kurz nach Annas viertem Geburtstag kam Lina auf die Welt. Die Geburt war schwer gewesen und es dauerte lange, bis die Mutter sich erholte. Ihre Schwester Barbara besorgte den Haushalt. Da sie die viele Arbeit fast nicht bewältigen konnte und keine andere Hilfe zugegen war, dachte sie, Anna könnte das Geschirr spülen. Nach dem Mittagessen holte sie im Speicherschopf einen Holzklotz und stellte ihn vor die Bank, auf der das Abwaschbecken stand. «So, Anni, jetzt versuchst du einmal, das Geschirr abzuwaschen», sagte sie. «Stell dich auf den Holzklotz!»

Anna tat wie geheissen, ergriff den Abwaschlappen, tauchte ihn in das warme Wasser und begann die Tassen zu reinigen. Eine um die andere stellte es verkehrt neben das Becken auf die Bank. Tante Barbara schaute prüfend zu. «Dass du mir ja keine fallen lässt», sagte sie. Nun ergriff Anna die Krautschüssel, tauchte sie ins Wasser, rieb sie sauber und stellte sie zu den Tassen. Die Tante hielt beim Zuschauen beinahe den Atem an. Sie hatte Angst, das Kind lasse sie fallen. Doch es ging gut. Zum Schluss wusch Anna die Schüssel, in der die geschwellten Kartoffeln gewesen waren. Dann trocknete sie Stück um Stück ab. Die Tante beobachtete jede Bewegung, die sie machte. Sie war zufrieden und sagte: «Das Geschirrspülen ist von nun an deine Aufgabe. So kannst du der Mutter helfen. Aber zerbrich mir nichts!»

Von nun an stieg Anna jeden Tag dreimal auf den Holzklotz. Wenn sie droben stand, wurde sie oft von Angst erfasst. «Nicht fallen lassen», sagte sie leise, wenn sie mit ihren kleinen Händen eine Platte oder Schale in die Hände nahm.

Einmal entwischte ihr trotz aller Vorsicht eine Röstiplatte und zerbrach auf dem Boden. Sie war noch fast neu, rot mit gelben Tupfen. Anna erschrak so heftig, dass sie beinahe vom Holzklotz fiel. Vor Verzweiflung hätte sie am liebsten laut geschrien. Dann schaute sie sich um. Sie befand sich allein in der Küche. Schnell sprang sie vom Klotz, packte die Scherben in ihre Schürze, rannte hinaus zum Speicher, kroch darunter und versteckte sie weit hinten. Sie war sicher, dass nur die Hühner und Katzen sie sehen würden. Vorsichtig kam sie hervor und rannte zurück in die Küche. Sie hatte Glück. Niemand war in der Nähe und erkundigte sich, was sie unter dem Speicher gemacht habe.

Weil die Mutter mehrere gleiche Röstiplatten besass, merkte sie nicht sofort, dass eine fehlte. Erst nach ein paar Tagen fragte sie, wo wohl diese Platte sei und wer sie zuletzt gebraucht habe. Anna hatte ihren Schrecken überwunden und sagte mit fester Stimme, sie wisse es nicht.

Ein paar Jahre später wurde der alte Speicher abgerissen. Anna dachte nicht mehr an das Ereignis. Aber Scherben vermodern nicht. Sie kamen zum Vorschein, und als die Mutter sie erblickte, erkannte sie sofort, dass sie von der vermissten Platte stammten

Sie stellte Anna zur Rede. Diese erinnerte sich jetzt wieder und gestand das Missgeschick. Da gab ihr die Mutter mit der Hand ein paar Schläge auf das Gesäss. Sie bestrafte Anna nicht wegen des zerbrochenen Geschirrs, sondern weil sie gelogen hatte.

Ruth Balmer (1940), geboren im Emmental. Primarlehrerin. Weiterbildung an den Universitäten Basel und Bern.

Helene von Lerber, Biografie, Berchtold Haller Verlag, Bern 1964; 100 Jahre Reformierte Kirche Konolfingen, 1998, (mit Heinz Balmer); Kindsmörderin, Roman, Waldgut Verlag 2006. Beiträge im Alpenhorn-Kalender, Licorne Verlag, seit 1998 alljährlich, Kurzgeschichten in Anthologien.

DAS KUNSTWERK
Margot S. Baumann

Es war wieder da. Filigran hing es in der rechten Zimmerecke oberhalb meines Bettes und bewegte sich sachte im Frühlingswind. Es war perfekt gearbeitet; kein falscher Faden störte die Symmetrie.

Ich lag im Bett, beobachtete das Spinnennetz und überlegte, ob ich es gestern nicht entfernt hatte, oder ob ich mich nur an den Gedanken erinnerte, es hatte tun wollen, aber nicht dazu gekommen war. Und doch war ich mir beinahe sicher, es beseitigt zu haben. Ich hatte den Besen aus dem Schrank genommen, war auf einen Stuhl gestiegen und hatte es, nach kurzem Bedauern, weggewischt. Bedauern deshalb, weil es immerhin ein kleines Kunstwerk war, das ich mutwillig zerstörte. Doch jetzt war es wieder da.

Ich runzelte die Stirn. War es grösser geworden? Nein, Blödsinn, das war nicht möglich, denn irgendwo hatte ich mal gelesen, dass Spinnen ihre Netze immer in der gleichen Grösse herstellten. Trotzdem folgte mein Blick einem Faden bis zur Gardine und einem anderen bis zum Kunstdruck an der Wand. *Der Schrei* von Munch. Hatte sich gerade dessen Mund bewegt? Ich fröstelte. Was für eine absurde Idee! Vermutlich hatte die Spinne in der vergangenen Nacht ein neues Netz gewebt, als ich tief schlummernd in den Federn lag. Welch unangenehmer Gedanke, dass ein Spinnentier über mir gearbeitet hatte, während ich träumte. Wirklich unangenehm und auch ein bisschen eklig.

Ich schlug die Decke zurück und stand auf. Der Boden unter meinen nackten Füssen fühlte sich eiskalt an und ich beeilte mich, den Besen aus dem Putzschrank zu holen. Dann rückte ich den Stuhl zurecht, blickte nach oben und stieg vorsichtig hinauf. Hoffentlich war die Spinne gerade am Schlafen. Schliefen Spinnen überhaupt? Ich wusste es nicht, fühlte mich aber beruhigter, als ich das Tier nirgends entdecken konnte. Aber womöglich lauerte es in einer Ritze und wartete nur darauf, dass sich jemand näherte, um die Beute anzuspringen.

«Sei nicht albern!», murmelte ich vor mich hin.

Wieso sollte eine kleine Hausspinne mich anspringen? Die hatte sicher mehr Angst vor mir als umgekehrt und schliesslich waren wir nicht im brasilianischen Urwald. Zum Glück klebten noch keine toten Mücken oder Fliegen an den Fäden. Umso besser, ich konnte mir Erfreulicheres vorstellen, als mit leerem Magen Insektenleichen zu entsorgen.

Als ich den Besen anhob, hörte ich einen Schrei. Ich zuckte zusammen und drehte mich um. Das Herz klopfte mir bis zum Hals. Aber da war niemand und mit einer schnellen Bewegung wischte ich das Spinnennetz weg.

In dieser Nacht schlief ich schlecht. Ich träumte merkwürdige Dinge. Riesige Spinnen bevölkerten die Erde. Schreiende Menschen liefen durch spinnwebenverhüllte Strassen, um irgendwann in monströsen Netzen hilflos zu zappeln.

Schweissnass erwachte ich und knipste die Nachttischlampe an. Benommen blieb ich einen Moment liegen, stand dann auf und trank in der Küche ein Glas Wasser. Als ich wieder ins Bett steigen wollte, warf ich einen Blick zur Zimmerdecke hinauf. Mir wurde eiskalt. Es war wieder da! Und jetzt war es eindeutig grösser!

Ich fühlte ein Kribbeln im Nacken und schlug reflexartig zu. Doch als ich meine Hand betrachtete, klebte keine tote Spinne daran. Gott sei Dank!

«Ich bin so blöd», stiess ich hervor. Es war ja nur ein Traum gewesen.

Ich ging abermals zum Schrank und holte den Besen. Vielleicht sollte ich besser den Staubsauger nehmen. Doch nein, es war mitten in der Nacht, ich wollte doch meine Nachbarn nicht wecken.

Der Stuhl stand immer noch in der Ecke unter dem Spinnennetz. Als ich hinaufstieg, liess ein markerschütternder Schrei mein Blut in den Adern gefrieren. Vor Schreck fiel mir der Besen aus der Hand und polterte zu Boden. Der Stuhl wackelte und beinahe wäre ich gefallen. Mein Hals war staubtrocken und mein Puls raste.

Ich sprang vom Stuhl und stiess mir schmerzhaft das Knie an der Bettkante. Tränen schossen mir in die Augen. Wieder bewegte sich das Spinnennetz sachte im Wind. Wind? Alle Fenster waren geschlossen! Was zum Henker ging hier vor?

Ich setzte mich aufs Bett und liess das Netz nicht aus den Augen. Was sollte ich tun? Jemanden anrufen? Aber was sagen? Dass sich ein schreiendes Spinnennetz in meinem Schlafzimmer befand? Man würde mich für verrückt halten! Ich kicherte als ich merkte, wie hysterisch sich das anhörte.

«Beruhige dich», sprach ich mir Mut zu. «Ich entferne das Ding jetzt und dann ist Schluss!»

Ich hob den Besen vom Boden auf, kletterte wieder auf den Stuhl und mit einer hastigen Bewegung wischte ich das Netz weg. Stille! Na also.

Ich hatte unbewusst die Luft angehalten und atmete jetzt befreit durch. Aber an Schlaf war nicht zu denken, daher setzte ich mich aufs Sofa und schaltete den Fernseher ein. Irgendwann erwachte ich, weil mir kalt war. Das Gerät flimmerte nur noch. Ich stellte es ab und wandte mich zum Bett. Dann begann ich zu schreien!

***

«So, mein Schatz», sagte der Mann. «Alle Umzugskartons sind leer und die Schränke eingeräumt. Ich bin so froh, dass wir diese Wohnung bekommen haben.»

Er stemmte die Hände in die Hüften und schaute sich zufrieden um.

«Fein», erwiderte seine Frau. «Ich habe auch schon das Bett bezogen, Blumen auf den Tisch gestellt und fühle mich schon beinahe wie zu Hause.»

Der Mann lächelte. «Perfekt!» Er umarmte sie.

«Oh, sieh nur, ein Spinnennetz!» Sie wies mit dem Kopf zur Zimmerdecke. «Und wie schön es gearbeitet ist.»

«In der Tat. Fast schade, wenn man es zerstört, nicht?»

Er holte den Besen aus dem Putzschrank und wischte es mit einer einzigen Bewegung weg.

Margot S. Baumann (1964) schreibt vorzugsweise Romane über Liebe, Verrat, Geheimnisse und Sehnsuchtsorte. Für ihre Werke erhielt sie nationale und internationale Preise.

Ihre wichtigsten Veröffentlichungen: «Die Frau in Rot», «Das Erbe der Bretagne», «Im Licht der Normandie» die «John A. Fortune-Serie» und «Lavendelstürme».

JE T'AIME
Urs Berner

Igor war Bergmann. Er baute Steinkohle ab. Igor liebte seine Arbeit. Sein Vater war schon Bergmann gewesen. Er liebte seine Familie, seine Frau Larissa und seine drei Töchter, die fünfjährige Svetlana, die vierjährige Nadja und Ilona, die zweijährige.

Igor lebte mit seiner Familie weit weg von der nächsten grossen Stadt in einem kleinen Häuschen mit einem kleinen Garten, in dem seine Frau so viel Kohl wie nur möglich anpflanzte.

Sie assen Kohl. Ständig assen sie Kohl. Die Kinder lehnten sich auf. Diesen Kohl, den essen wir nicht mehr!

Recht hatten sie. Er werde ihnen etwas Süsses nach Hause bringen, versprach der Vater. Es war Ende Monat. Morgen würde er seinen Lohn bekommen.

Doch statt Geld schickte der Bergwerksdirektor seinen Finanzmann. Die Kumpels hatten sich in der Freizeithalle, wo sie bei Schichtwechsel Tee miteinander tranken, versammelt. Der Finanzmann erklärte, dass die Grube in diesem Monat kein Geld verdient habe und deshalb niemand entlohnt werden könne.

Die Kumpels gingen auseinander. Igor hatte nichts, womit er seine Frau und Kinder trösten konnte.

Am Ende des nächsten Monats wurden wieder keine Löhne ausbezahlt. Und im dritten Monat nur die Hälfte. Igor erhob seine Stimme vor den versammelten Kumpels: Da stimmt etwas nicht. Wir schuften Tag und Nacht. Ich bin nicht blind. Der Direktor bestiehlt uns. Er verkauft Kohle und steckt den Gewinn in die eigene Tasche. Morgen fahr' ich in die grosse Stadt, um beim grossen Bergmann Rat zu holen.

Sein Rat war einfach: Kämpfen. Kämpft!

Wie kämpfen?, fragten einige Kumpels.

Wir gehen nicht mehr in den Stollen. Wir bleiben zu Hause, erklärte Igor. Bis wir unseren Lohn bekommen. Wir müssen doch unsere Familien ernähren können. Unsere Kinder sollen nicht mehr weinen.

Der grosse Bergmann hatte versprochen, sie zu unterstützen. Lastwagen fuhren vor. Lebensmittel wurden abgeladen. Heizmaterial. Kleider. Trinkwasser. Und einige Kisten mit Büchern, die die Kumpels in die Freizeithalle schleppten.

Im Auftrag des Präsidenten des Landes schickte der Bergwerksdirektor Spione aus. Die Bücher in den Kisten? Das wird eine Tarnung sein, darunter könnten Waffen versteckt sein.

Doch dann überbrachten die Spione dem Bergwerksdirektor die erstaunliche Nachricht, dass die Kumpels in der Freizeithalle Sprachen lernten. Es tönt nach Englisch, Deutsch, Französisch, Spanisch, Italienisch, berichteten sie.

Der Bergwerksdirektor rieb sich die Hände. Gut, das ist sehr gut. Vielleicht wollen die alle auswandern?

Im noch tieferen Hinterland warteten Hunderte, Tausende von angehenden Kumpels, die einverstanden waren, zu noch schlechteren Bedingungen zu arbeiten.

Doch die Kumpels in der Freizeithalle lernten und lernten. Sie gingen einfach nicht weg.

Der Bergwerksdirektor wurde nervös. Er bat den Präsidenten um Hilfe.

Erneut fuhren Lastwagen vor. Soldaten sprangen von der Ladefläche, sammelten sich und rückten vor.

Ihnen gegenüber standen die Kumpels in einer Front. Sie langten in die Taschen ihrer Arbeitskleider. Etwas hatten sie doch noch unter den Büchern versteckt gehabt. Schwerfällig holten sie Handys hervor. Hielten sie einsatzbereit.

Die Soldaten hoben die Gewehre. Legten an.

Da drückten die Kumpels auf einen Knopf. Die Nummern hatten sie schon einprogrammiert. Sie riefen mehrere Fernsehstationen an: BBC, CNN, ARD, ORF, SF1, TF1; Rai UNO, TVE Int. Über Grenzen hinweg schilderten sie sprachgewaltig ihre Situation. Ihr Elend, ihr Leiden und die Bedrohung.

Die Soldaten senkten die Gewehre. Der Präsident des Landes hasste es, wenn der Schein nach aussen nicht gewahrt werden konnte. Der schöne, demokratische Schein. Vielsprachig schrien die Kumpels in die Handys: Etwas haben wir schon erreicht. Sie senken die Gewehre.

Vor Freude warfen sie die Handys in die Luft und fingen sie wieder geschickt auf mit ihren grossen Händen.

Igor hatte drei Monatslöhne samt Schichtzuschlag in der Tasche und Süssigkeiten, als er nach Hause eilte. Er traf seine Frau im Garten an, wo sie nach dem Kohl schaute. Larissa, jetzt wird es besser werden! Und dann sagte er: Je t'aime.

Igor hatte im Widerstandskurs Französisch gelernt.

Aus: «Tschogglit», Neptun-Verlag

Urs Berner (1944). Geboren in Schafisheim im Kanton Aargau, lebt in Liebefeld / Köniz. Lehrer. Studium der Geschichte. Inlandredaktor. Journalist in London.

Zuletzt hat er die Romane «Himmelsspiel», «Fussfassen schmerzt» und das Geschichtenbuch «Tschogglit» publiziert. Im September 2017 erscheint sein neuer Roman «Die zweite Erschütterung».

GESCHENKTE – UND HÄRTERE TAGE
Therese Bichsel

Einen Moment die Augen schliessen, die Strahlen der Sonne auf Gesicht und Körper spüren. In der Stadt blinzeln die Leute, die aus den dunklen Lauben treten, in den hellen Himmel, der wie ein blasses Zeltdach über die Stadt gespannt ist. Die Wärme durchdringt alles in diesen späten Septembertagen. Die Schritte verlangsamen sich. Wieso Eile – alles kann warten.

Ein ausgemergelter Mann mit Hund steigt ins Tram, seine Augen glänzen fiebrig, ein strenger Geruch breitet sich aus. Die Passagiere halten Abstand, beobachten den Mann aus den Augenwinkeln. Aber der Drögeler keift, pöbelt, bettelt nicht, er redet nur seinem wohlgenährten Hund zu, der in der Hitze hechelt. Man entspannt sich, schaut hinaus. Eine Gruppe junger Männer in Shorts schlendert gestikulierend durch die Gasse, Bierbüchsen in der Hand. Das rote Haar einer jungen Frau, die am Zytglogge knapp vor dem Tram die Strasse quert, glänzt in der Sonne. Der Tramführer klingelt weniger energisch als üblich. Ein älterer Mann, vielleicht ein Bundesangestellter, trägt seinen Kittel über der Schulter, die Mappe nachlässig unter dem Arm. Leichtigkeit ist spürbar, eine Nachsicht, die den Leuten sonst abgeht.

Die Stadt ist fast leer. Noch einmal brennt die Mittelmeersonne in diesen Tagen. Halb Bern verbringt die Ferien dort unten am Strand. Dieses Jahr aber bleibt der Neid bei den Daheimgebliebenen aus. Denn die Sonne durchdringt auch hier alles – wenn auch gedämpfter. Nur am Morgen und am Abend fröstelt man, zieht die Jacke enger um sich, schliesst schnell das Fenster. Tagsüber vergisst man die herbstliche Kühle, die bald überall einziehen wird. Wieso jetzt schon daran denken, wenn die Sonne durch die Blätter scheint und alles in ein mildes Licht taucht.

Über dem Land liegt ein erdiger Geruch, von Völle, von beginnender Fäulnis. Die Felder sind abgeerntet. Die Äpfel fallen von den Bäumen, die Trauben liegen überreif in den Glasschalen, von Fruchtfliegen umkreist. Das Wasser der Aare fliesst mit öligem Glanz über die Schwellen, einige Herbstblätter treiben auf dem klaren Grün. Die Glocken der Kühe, die von den Alpen zurück sind, bimmeln. Ein letztes Emd liegt auf den Wiesen – der würzige Geruch von Gras und Heu.

Dieser September, sagen die Medien, war zu trocken, zu heiss, zu sonnig. Einige Landesteile verzeichneten den wärmsten September seit Messbeginn. Das Klima spielt, wie immer jetzt, verrückt. Fast in jeder Jahreszeit, in jedem Monat, fällt ein neuer Rekord: Der mildeste Winter, der nasseste Frühling, der wärmste September. Meist handelt es sich um Wärmerekorde. Eigentlich müsste man aufschrecken, aktiv werden. Aber die Sonne macht träge, sie wärmt so schön.

EigerMönchJungfrau vor meinem Fenster zeigen sich weiss, unberührt. Ein lästiger kleiner Sportflieger umkreist sie wie eine der Mücken, die nachts um meinen Kopf sirren. Der Lärm einer schrillen Säge frisst sich in mein Ohr. Ich wische diesen Lärm fort, so wie ich in der Nacht versuche, die Mücken wegzuscheuchen, bevor ein Traum sie in einer wirren Geschichte absorbiert. Um den Sportflieger muss ich mich nicht kümmern – er ist schon fort.

Jetzt noch nicht, ist das Motto. Den Moment geniessen, carpe diem. Ingeborg Bachmann warnt, sie schreibt in «Die gestundete Zeit»: «Es kommen härtere Tage. Die auf Widerruf gestundete Zeit wird sichtbar am Horizont.» Und Rilke fordert im Gedicht «Herbsttag» gar das Ende der goldenen Tage: «Herr: es ist Zeit. Der Sommer war sehr gross. Leg deinen Schatten auf die Sonnenuhren, und auf den Fluren lass die Winde los.» Ich schiebe die Gedichte beiseite. Denn ich weiss: Bei Bachmann werden die Lupinen gelöscht, die Geliebte versinkt im Sand. Und Rilke stellt fest: «Wer jetzt kein Haus hat, baut sich keines mehr. Wer jetzt allein ist, wird es lange bleiben ...» Wie wahr. Aber ich mag es jetzt nicht hören. Auch wenn die Schatten jeden Tag länger werden.

Diese milden Tage sind geschenkte Tage, vielleicht die letzten in diesem Jahr. Solche Tage sind gedankenlos. Man ist versöhnlich gestimmt. Keine Schwere, kein Grübeln. Ich lasse sie mir nicht nehmen, diese geschenkten Tage. Alles hat seine Zeit.

Therese Bichsel (1956), geboren und aufgewachsen im Emmental. Studium der Germanistik und Anglistik, Arbeit als Redaktorin.

1996 1. Preis Berner Kurzgeschichtenwettbewerb. 1997 erscheint der erste Roman «Schöne Schifferin». Inzwischen liegen acht Romane vor (alle Zytglogge-Verlag). Besondere Beachtung fanden die historischen Romane, darunter «Catherine von Wattenwyl» (2004), «Grossfürstin Anna» (2012) und zuletzt «Die Walserin» (2015).

VERRAT
Virginia Bischof Knutti

Wie kann man heutzutage – nach so vielen missratenen Allianzen – nur so naiv sein und meinen, man könne achtundzwanzig selbstherrliche Völker in einen Sack stecken und hoffen, sie würden sich da drinnen verständigen? Früher oder später werden sie sich gegenseitig auffressen. Weshalb? Weil die Völker die unterschiedlich hohen Wohlstände zwischen Nord und Süd und zwischen West und Ost als ungerecht empfinden, weil die ärmeren ihren Anteil am Erfolg der stärkeren wollen und die letzten sich dagegen wehren ... Und was tun die EU-Bonzen indessen? Ihnen fehlt ganz einfach der Sinn für das Wesentliche: Statt den Menschen eine fortschrittliche Vision Europas zu vermitteln, scheiden sich die Geister in Brüssel über die Gurkenkrümmung oder brüten jahrelang über die Festlegung von neuen Abgasnormen! Glauben Sie, dass es mir oder meinem Nachfolger Augustus gelungen wäre, ein Imperium, das so gross war wie die heutigen USA, zu führen, wenn wir uns mit derartigen Belanglosigkeiten hätten herumschlagen müssen? Dass ich nicht lache!

Was die modernen Politiker nie kapiert haben, ist, wie man damals Menschen begeistern konnte, ein Teil des *Imperium Romanum* zu sein. Alles, was damals in Rom entwickelt wurde, war fortschrittlich und kam allen Untertanen im Imperium zugute. Das römische Bürgerrecht zu besitzen, verhiess Entwicklung und neue, ungeahnte Möglichkeiten der Entfaltung. Kurz, Römer zu sein war das Nonplusultra. *Punctum!* Kein anderes Imperium hat sich seitdem rühmen können, ein derartiges Gefühl bei den Menschen ausgelöst zu haben. Was hingegen heute von Brüssel kommt, ist Bürokratie, Bevormundung und Nivellierung des Wohlstandes auf tiefem Niveau, genau das Gegenteil von meinem Rom. Das kann nicht gut gehen ...

Wo war ich? Ach ja, die EU. Na, was machen wir mit ihr? Soll ich mal nach Brüssel fahren und den Damen und Herren der Europäischen Kommission und des Parlamentes die Meinung sagen? Vielleicht ist dies aber eher eine Angelegenheit für Cicero. Seltsam eigentlich, dass er sich so wenig über Politik äussert. Hat der ehemalige grosse Senator und Staatsmann die Nase voll von der stinkenden Politik? Wenn dem so ist, dann kann ich ihn sehr gut verstehen, denn mir geht es genauso. Ich bin von den modernen Politikern und Staatsmännern enttäuscht, denn sie haben die Gesellschaft keinen Schritt weitergebracht als wir Römer damals waren. Tja. Die Technologie löst nicht alle Probleme, insbesondere nicht die zwischenmenschlichen. Ausserdem gibt es noch immer in jedem Land eine Handvoll Autokraten, Oligarchen und andere selbsternannte Auserwählte, die Macht ausüben – sprich die Massen ausbeuten. Warum gelang es in den letzten zweitausend Jahren der Politik noch nie die Gesellschaft zu einigen, statt sie zu spalten: Menschen gegen Unmenschen, Reiche gegen Arme, Alte gegen Junge …? Eine Politik, die alle satt macht und würdig leben lässt? Das hätte ich von euch erwartet, Menschen des 21. Jahrhunderts! Meine Lehre daraus ist, dass die besten Ideen zur Entwicklung der Menschheit immer an den Machtansprüchen einiger weniger Egozentriker scheitern.

Macht … Wissen Sie was, *ragazzi*? Früher, in meinem ersten Leben, glaubte ich, dass es das Grösste sei, Kontrahenten und sogenannte Freunde zu kaufen, zu erpressen, zu manipulieren. Dabei fühlte ich mich über alle Menschen erhaben, wie ein Gott. Mit zunehmendem Alter dachte ich – vielleicht wie Napoleon, unter dem Einfluss einer gewissen Trägheit oder Müdigkeit –, ich könnte meiner Macht mehr Ausdruck verleihen, indem ich Grosszügigkeit und Grandezza zeige und meinen schlimmsten Verrätern vergebe. Das war kein guter Einfall, denn meine Gutmütigkeit wurde schamlos missbraucht. Wie dem auch sei, später habe ich jedenfalls Macht mit Recht gleichgesetzt. Das war, so denke ich heute, falsch.

Heute sehe ich die Dinge anders. Ich besitze keine materielle Macht mehr, kein Imperium, keine Legionen, keine Sklaven, und vermisse es nicht einmal. Aber mein neues Leben schenkt mir einige, im Laufe der Geschichte hart erkämpften, Rechte und eine Menge Pflichten juristischer, gesellschaftlicher und moralischer Natur, die ich bis heute noch nicht richtig verstanden habe. Ich sehe auch meine Auferstehung als eine Art stille und unverhandelbare Macht, die Möglichkeit, mich über die Fehler der Menschen zu amüsieren oder zu ärgern. Das ist doch mehr wert als das ganze Vermögen der Welt!

Ich gebe es zu, mittellos bin ich nicht. Ich habe von Alfredo geerbt, besitze zu gleichen Anteilen wie Cicero und Antonius ein schönes Anwesen in Sorrento, habe eine gute Arbeit, die mir viel Freiheit lässt, und muss mir keine Sorgen wegen meiner finanziellen Situation machen. Dennoch, wenn ich nur von meiner Arbeit leben müsste, würde ich das ohne Reue tun. Werde ich etwa Demokrat? Sozialist? Bescheiden? Oder gar dumm?

Auszug aus «Das Dritte Triumvirat – Band II – Caesars Gallischer Frieden», SWB Media Publishing Vwerlag, Stuttgart

Virginia Bischof Knutti wurde imJahre 1963 am Genfer See geboren und ist französischer Muttersprache. Nach zwei längeren Arbeitsphasen, zuerst bei einer Schweizer Grossbank dann bei der Schweizer Luftwaffe als Berufsoffizier, seit 2009 Schriftstellerin.

Mit der Romanserie «Das Dritte Triumvirat» vereint sie auf spielerische Art Geschichtswissen und Kritik der Gegenwart, nach dem Empfinden der heute auferstandenen Caesar, Cicero und Marcus Antonius.

MAN GEHT JA MIT DER ZEIT ...
Adelheid Blättler

... und auf die Betonung kommt es an.

Sandfarben, das Zerrinnen des Lebens. Man will sich ganz dem Moment verschreiben – und sich dessen Verschwendung einverleiben. Das Dasein bewegt sich – wie von unsichtbarer Hand geschoben. Ich möchte klein sein und in einem Kinderwagen leben. Möchte aufgehoben sein – und doch allein. Möchte gleichwohl kein Kind mehr sein.

Landschaft ist weit herum keine. Man sieht nur Steine. Aufgeschichtet zu Häusern und Mauern und kaum ein Baum. Die meisten Menschen sind wiesenlos – felderlos – katzenlos. Ich sitze reglos da und stelle mir vor zu reisen. Und doch möchte ich hier bleiben. Wo nicht immer alles mit rechten Dingen zugeht. Ich sehe mich in einer Stadt – die vielleicht gebaut wurde, um Fremdheit zu spiegeln. Der Idylle ist niemals zu trauen. Ignoranz weht mir entgegen. Manchmal stolpere ich über ein Mäuerchen mit Namen Schüchternheit. Wie nah darf man sich denn überhaupt sein? Ein jeder ist auch Einzelwesen.

Innerlich bin ich verschleiert. Der Eigensinn ist mein Schleier und er würde mich nur hindern beim Wandern. Also zelebriere ich Stillstand und denke unablässig an ein Weiterkommen. Etwas ist im Weg. Immer ist etwas im Weg.

Bosheit. Wo schaue ich hin? Fassungslos sehe ich, wie ein Dieb an der Kette eines Fahrrads feilt. Und den Leuten erklärt, das Schloss sei eingefroren. Dabei waren die letzten Tage und Nächte so mild. Das Fahrrad ist sehr wertvoll und wird einen Abnehmer finden. Mit dem Erlös gibts wieder Koks. Ein Dealer steht als Aufpasser daneben. Es ist mein Nachbar von zuunterst, und der hat dem Junkie den Tipp mit dem Rad – und auch die Feile gegeben. Nach einer Weile ist der Dieb mit dem Fahrrad auf und davon. Und auch der Dealer ist verschwunden.

Die Welt ist schlecht. Und ein Ausweichen unmöglich.

Aus der Wohnung nebenan hört man immer die gleiche Musik. Eine Endlosschlaufe. Immer die gleichen Töne – stampfende Takte. Vierundzwanzig Stunden lang. Wochenlang. Der Bewohner ist Drogenfahnder und ziemlich beschäftigt. Der Dealer wohnt weiter unten. Auch die Ironie wohnt in diesem Haus – und kennt sich bestens aus. Wenn der Dealer heimkommt, geht der Fahnder zur Arbeit – und umgekehrt. Bestimmt grüssen sie sich freundlich. Manchmal sorge ich mich um die Kinder des Dealers. Sie sind ja noch so klein. Und wer weiss, wie lange sie unversehrt bleiben. Bin froh, wenn ich sie weinen höre, so habe ich Gewissheit, dass sie noch leben.

Die Wolken reisen. Ich bleibe hier. Einstweilen. Wo werden wir noch landen? frage ich dich immer. Und trägt man nicht die Toten mit den Füssen voran aus dem Zimmer? Doch so schnell und ohne zehn Pferde bringt man mich hier nicht raus.

Alles, was mir fehlt, ist ein bisschen Stuck an der Decke und ein Studierzimmer. – Ach – da ist höchstens die Heizung, die nicht einwandfrei ... und ab und zu kommt kein warmes Wasser aus der Röhre – aber sonst ...

Die Zeit lebt neben mir her. Es fragt kein Schwein nach mir. Ich hingegen frage mich, wie es wohl all meinen Freunden so geht. Und sitze am Schreibtisch und schreibe. Friere beim Schreiben. Ziehe Pullover und Mütze an. Zweifle. Stelle mir kritische Fragen und studiere Wohnmagazine. Bin ich überhaupt noch bei Trost? Eigentlich bin ich ganz zufrieden. Verbringe meine Tage in Warenhäusern, Buchhandlungen, Modeboutiquen, Bibliotheken. Könnte jeden Tag Pizza essen. Sehne mich nach Wärme und Tiefsinn und lasse das Weinen, weil ich eigentlich von Haus aus fröhlich bin. Komme allerdings selten aus mir heraus – und aus dem Häuschen schon gar nicht. Die defekte Heizung knackt – und draussen heult der Wind und der Wolf im südwestlichen Landesteil wurde totgeschossen.

Wer will denn wissen, dass ich in Zwischenwelten lebe – stets über selbsterbaute Hürden springe und mich auffange an den Halbwahrheiten der Kunst? Oft ergibt sich das Eine aus dem Anderen. Komme vom Hundertsten ins Tausendste. Wenn ich mich aufmache, wie ein Wortakrobat und in Gedanken ausschreite – über einen sehr schmalen Grat zuweilen – wage ich zaghafte Seitenblicke auf Frau Mayröckers Textlandschaft. Versuche einen exzerptischen Sprung in ihr Traumland und sehne mich mit Heisshunger nach 1 Augenweide. Stattdessen 1 Wildwuchs in der nämlich abstrakten Handlung. Trotzdem finde ich im Taumeln über dem Abgrund den Schwindel des wahrhaftigen Augenblicks und staune. Auf dem Wiesengrund wuchern Dornen über ein vierblättriges Kleeblatt. Ordinär und reglos verwelkende Bescheidenheit.

Manchmal gehe ich auch mit der Zeit. Man will ja dabei sein. Konkret. Im Hier und Jetzt. Das Narrative schreitet neben mir her. (Hin und wieder habe ich sogar etwas zu sagen.) Zuweilen erahne ich einen Weg – und frage mich, wie weit es bis Arkadien noch sei. Vielleicht kommt man – trotz rigoroser Zielverweigerung – ans Ziel. Oder man möchte ganz hoch hinaufklettern, und erreicht ganz schnell das Ende der Fahnenstange. Meinen Ort der Sehnsucht siedle ich lieber in angenehmer Höhe an. Karge, kalte Höhlen meide ich – wohlweislich.

Plötzlich stehe ich auf einer abgenutzten Schwelle, sehe vom Dunkeln ins Helle. Und denke an Kafka, der sagte: «Man sieht die Sonne langsam untergehen und erschrickt doch, wenn es plötzlich dunkel ist.»

Die Welt ruht im Nebel – und im toten Winkel.

Man *geht* ja mit der Zeit. Uns allen wird die Stunde schlagen. Noch bevor die Abdankung naht, bedankt man sich. Man erahnt eine schonungslose Wortlosigkeit. Und lediglich die Zeit schreit.

Auszug aus dem Kurzprosa-Zyklus «Bekundungen»

Adelheid Blättler-Schmid (1947), geboren in Frauenfeld TG, wohnhaft in Biel.

Publikationen: «Schritte», Erzählung, Verlag Edition Hartmann/2004; «In den Tag hinein», Roman, Verlag Edition Hartmann/2015; Veröffentlichungen von Gedichten in diversen Anthologien; 2010 war sie Preisträgerin des Berner Kurzgeschichtenwettbewerbs der Buchhandlung Stauffacher.

KEIN ICH SEIN
Evelin Blum

Kam es plötzlich über mich? War es ein schleichender Prozess, den ich lange nicht wahrnahm? Oder war es schon immer da, unbemerkt und unbewusst?

Kein Ich sein. Nicht die falsche Kontur. Kein Fehler. Nicht so wie die Schlimmen. Und schon gar nicht wie W. Auch nicht wie Z. Besser du verwischst die Spuren, verziehst dich hinter kleine unsichtbare Mauern.

Schreibe ungeniert in deine Tagebücher. Übe täglich. Verbessere dich heimlich. Behalte die Essenz für dich, wenn sie ungehörig sein sollte oder esoterisch.

Kein Ich sein. Aus Angst, angreifbar zu werden. Entweder du stürzt dich kopfüber in die Schlacht, schreist deine Wahrheit in den Saal, um gleich wieder hinter den Kulissen zu verschwinden, oder du bleibst still zuhause hinter deinem Schreibtisch, neben den Stapeln von Ordnern, die du bereits still und heimlich übend vollgeschrieben hast.

Und dann beschliesst du, dass genug ist. Genug geübt und genug meditiert. Du hast dies schon oft beschlossen, doch diesmal soll es gelten. Du willst nur noch eines: echt sein. Authentisch.

Die Sprache ist da. Sie steht dir gefährlich leicht zur Verfügung. Deine Finger fliegen über die Tasten, sobald du einen Gedanken nur andenkst. Was denken? Wenn Gedanken Wirklichkeit erschaffen, ebenso wie Sprache – die noch ein bisschen stärker wirkt, vor allem wenn sie laut ausgesprochen wird – wenn also Gedanken wirken, wohin denke ich mich?

Und ich habe «ich» gesagt. Und ich sage «ich».

Dabei wollte ich dieses Ich überwinden. Habe jahrelang versucht, darüber hinaus zu wachsen, mich zu ent-ichen.

Nun komme ich zurück in die Ich-Welt. Weiss nicht mehr, wie das funktioniert. Ich will das und nicht jenes. Ich bin anders. Ich sehe das so. Ich verstehe dich. Ich bin da ganz anderer Meinung. Ich kann nicht verstehen, wie einer sich so. In meinen Augen ist das. Ich habe eine Idee. Ich bin Schriftstellerin. Ich bin eine Frau. Ich bin.

Und doch. Bin ich: auch das andere. Die Kusine, die mich verletzt. Der Chef, der sich ärgert. Die Tante, die stirbt. Der Blinde, der mir den Weg versperrt. Der Buschauffeur, der Vollgas gibt und dann plötzlich auf die Bremse tritt. Die Taube, die präzis in dem Moment vom Dach losfliegt, in dem ich den Kopf hebe. Die Freundin, die den Anruf nicht entgegennimmt. Der Bekannte, der sich freut, mich zu sehen. Der Redaktor, der mir eine Absage erteilt. Das Kind mit dem Strahlen im Gesicht. Der begeisterte Seminarleiter. Die begabte Sängerin. Die Mutter mit ihrer Geduld. Bin ich auch. Alle.

Wo ist dann das Ich?

Im Moment der Wahrnehmung tritt es in Aktion. Es schneidet ein Stück aus der Quantensuppe heraus und erklärt es für wirklich. Es stellt sich gegenüber. Es lächelt vielleicht. Es kann sich so oder anders hinstellen. Es findet immer ein neues Wort. Mit jedem Wort ändert es die Wirklichkeit und sich selbst. Es lebt in Symbiose mit dem, was es für wirklich hält. Es übt sich im Dranbleiben. Es will sich durchsetzen. In Erscheinung treten. Es ist nur Schein, aber mein.

Ist es mein?

Habe ich es zurückerobert? Das Ich? Suche ich etwas anderes als das, wenn ich schreibe? Vielleicht ein anderes Ich, ein Grösseres, das, was ICH BIN?

«Herzkörper sein und mit den Händen die Welt berühren.» Der Satz fiel mir im Schlaf ein, ich erwachte, weil ich mich diesen Satz aussprechen hörte. Welches Ich spricht da? Wer hört zu? Welches ist die Schriftstellerin? Wer denkt jetzt über all dies nach?

Ich bin alle russischen Puppen aufs Mal. Und auch die Mama, die die Puppe aller Puppen in ihrem Bauch birgt. Aber ich bin keine Russin. Jetzt. War ich mal eine? Ist die Schriftstellerin in Wahrheit eine Russin? Eine gewesene?

Es ist wie Tunnelbauen. Sondieren mit Worten. Nachschauen und nachfragen. Nicht zufrieden sein mit dem Vordergründigen. Neu denken. Immer wieder neu denken. Das ist es vor allem, das Schreiben. So kann es auch erneuernd wirken. Im besten Fall. Gehirnbahnen öffnen. Synapsen ankicken. Mit sich zufrieden sein, mit dem Sinnieren, mit der leichten Bewegung in den Fingern. Eine Handlung, die nicht unbedingt Folgen hat, dachte ich. Nun bin ich mir nicht mehr so sicher. Wenn schon der Flügelschlag eines Schmetterlings … Ist ein Wort, ein Gedanke, ein Satz – festgehalten und aufgeschrieben – nicht zigfach heftiger?

Auszug aus dem Roman «Der Kleine Guru» von Eveline Blum

Eveline Blum (1957), geboren in Zürich, lebt seit 1981 in Bern. Sie schreibt Lyrik und Prosa. Ausserdem war und ist sie als Poetry Performerin mit verschiedenen Musikerinnen und Musikern auf der Bühne anzutreffen.

Ende 2016 erschien ihr neues Buch «Der Kleine Guru», ein spiritueller Zeitenwende-Roman und eine Liebesgeschichte. evelineblum.ch.

MAMMA, WAS IST DAS?
Henriette Brun-Schmid

Linas Kind rennt und stürzt, schürft sich das Knie auf, weint, Mamma, Mamma, was ist das? Ein kleiner Blutstropfen rinnt das Kinderbeinchen hinunter.

Lina erinnert sich, das Geschehen liegt Jahrzehnte zurück. Für Lina war es einer der ersten Kurzfilme, die sie gesehen hat. Bei ihr zu Hause wurden keine Filme geschaut. Ob sie da schon erwachsen war, fragt sie sich heute, und die Bilder steigen in ihr hoch. Nie mehr seither hat sie sich daran erinnert, nicht, wenn sie über die Kriegsapokalypse in Syrien liest, nicht, wenn sie von den Terroranschlägen in Paris hört, nicht, wenn ein Verrückter mit einem Lastwagen in eine Menschenmenge fährt.

Ein Durcheinander. Eine Quiltdecke von Bildern. Jedes Bild überlagert ein neues.

Mamma, es tut weh. Lina beugt sich zum Kind, beginnt zu singen: Heile, heile Säge ...

Dann werden die Bilder gestochen scharf, als würde Lina den Film vor sich sehen: Zwei Kinderhände, ein patschiges Händchen eines Kleinkindes, dick und weich, und eine zierliche Kinderhand zeichnen nacheinander vom seitlichen Bildrand her auf hellgelben Hintergrund. Das Patschhändchen mit Grübchen zeichnet unbeholfen mit Bleistift von rechts, das andere mit Tusche und Feder von links. Der Bleistift streift weich über das Papier, die Feder kratzt, Lina hört es deutlich. Von rechts – gespannt schaut Lina hin – entsteht ein Fahrrad. Von links – Lina kann kaum auf das fertige Bild warten – wird ein Motorrad gezeichnet. Lina hört ein hämisches, kindliches Lachen, als würde jemand eine lange Nase drehen. Dä-dä-dää-dä, dä-dä-dää-dä.

Mamma schau doch! Das Kind weint. Lina bläst auf das verletzte Knie: Drüü Tag Räge ...

Das Händchen von rechts zeichnet jetzt ein Dreirad-Auto, die linke Hand ein Alltagsauto. Das Zeichnen wird schneller, das Lachen von links wird lauter und eindringlicher. Von rechts wird neu ein sportliches Cabrio gezeichnet, von links ein Rennwagen.

Das Kind schaut entsetzt auf sein Knie, es wimmert. In Linas Kopf das Dä-dä-dää-dä, dä-dä-dää-dä.

Sie streicht dem Kind über die Haare: Drüü Tag Schnee …

Ein grosser Traktor gezeichnet von rechts, ein Laster von links. Die Fahrzeuge sind farblos, grau die einen, braun die anderen, nur in Strichen gezeichnet. Der gelbe Hintergrund leuchtet.

Mamma! Lina singt: Tuet äm Chindli …

Von rechts ein grosser Kipptrax, von links eine Riesenbaumaschine mit Dreiachsen-Rädern. Dä-dä-dää-dä, dä-dä-dää-dä. Lina will sich die Ohren zuhalten.

Mamma, schau, weint das Kind. Tuet äm Chindli nümme weh.

Der Bleistift, verkrampft umklammert vom Patschhändchen, zeichnet eine grosse Strassenwalze. Das Händchen versucht die Kinderhand am Weiterzeichnen zu hindern, dä-dä-dää-dä, dä-dä-dää-dä, ein teuflisches Lachen, ein Gerangel, ein Ringen. Ein Kampf Händchen gegen die Kinderhand, die jetzt in schnellen, kurzen Strichen einen Panzer zeichnet. Im Gerangel kippt das Tuschfass um, die braune Tusche fliesst über Walze und Panzer.

Lautlos plötzlich. Es ist ganz still, ein Blutstropfen rinnt vom oberen Bildrand über die ausgeleerte Tusche, rot.

Henriette Brun-Schmid (1955), dipl. Pflegefachfrau/NLP-Master, dipl. Psychologische Beraterin, seit 15 Jahren Regionalrichterin, fünf erwachsene Kinder, drei Enkelkinder, Schriftstellerin (Mitglied AdS/BSV Bern).

Letzte Werke: «Weit liegt Morgenland» Geschichten vom Rand, 2005 EfEf-Verlag Wettingen, «Gerichtet» Justizroman, 2010 Tatort, LOKWORT-Verlag Bern, «Unter dem Kornelkirschenbaum» 2016 boox-Verlag Urnäsch.

DR «COFFEE SHOP»
Stefanie Christ

«Coffee Shop» steit nöi i Lüüchtbuechstabe überem Schoufänschter. Hütt muess ja alles frömdsprachig si. Ig wünschti mir ds alte «Tea Room» zrügg. Aber äbe: Bedient wärde, richtigi Tische, abhocke, zämehocke – das isch alles nümm gfragt. Statt dessi lehnt me ane Theke oder wird vore Lounge verschlückt.

Früecher hei mir Dorffroue üs jede Morge punkt Nüni im «Tea Room» troffe. Ohni abzmache, me isch eifach da gsi. Isch mal eini nid uftoucht, hei di andere gwüsst, dass disere nid wohl isch. Oder de isches Winter gsi, glatt gsi und eini hett sech mitem lädierte Chnöi nid voruse gwagt.

D Frou Bonnet isch üses Frölein gsi. Ihre hett me no dörfe Frölein säge, si isch ou eis gsi. Nie verhüratet, immer am Schaffe. Zwölf Jahr lang hett si geng gwüsst, was mir nähme: Kafi u Gipfeli. Usserd d Annette, die hett es Meitschibei bstellt.

Meitschibei gits im «Coffee Shop» nid. Und ou kes Kafi. Ig has versuecht, aber ds nöie Frölein isch nid drus cho, was ig wott:

«Meinet Dir en Americano? Gross, mittel, chly?»

Ig ha du eifach «ja» gseit, woruf si mir e Salatschüssle voll schwarzes Wasser hett abgfüllt. Mi Name hett si ou no grad druf gschribe. Emu fasch: «Magda» statt «Martha». Ig verstah nid, worum me hie nid darf anonym trinke. Isch doch dene Mokkabohne Hans was Heiri, wien ig heisse.

U geng louft Musig. Nid öppe ds Lokalradio, sondern so langsame Jazz. Das schläferet mi am Nüni so fescht ii, dass ig grad wider chönnt go ligge – trotz seniler Bettflucht. Zum Glück han ig es Hörgrät, won ig chly cha zrügg schrube. De ghör ig ou nid geng, wie die Aagstellte Näme düre Ruum rüefe.

D Iirichtig isch ou ganz anders als früecher: Ke Teppich meh, ke Tapete, kener Teeliechter – überhoupt nüt meh mit «T». Drfür vom Bode bis unger Tili viu Wyss. Eigentlich isch alles wyss. Und d Gescht hocke i däm Wyss wie Made im Mähl.

Ig bi ja froh, dass ig de Lade amigs nid muess putze! Me gseht dert jedes Brösmeli, jede Sprützer, jede Pflotsch, wo d Bsuecher mit de Schueh inhi schleipfe. Aber so tüür wie hie ds Trinke isch, chöi sech's die nöie Eigetümer wohl leischte, nach Fyraabe eifach alles früsch z striiche. Clean isch das, wie imene Spital.

Apropos: Letschti het mi d Annette im WhatsApp-Chat aghoue. Sie hett mir verzellt, dass d Ingrid im Spital isch gsi wägere Lungenentzündig. Es Wyli hetts nid guet usgseh, aber itz heig si sech doch fei erholt. Gäbs üses «Tea Room» no, hätt ig das rächtzytig erfahre und hätt ar Ingrid chönne es Strüssli verbybringe. So han ig ihre halt per SMS gueti Besserig gwünscht. Sie hett mitemne Chatzevideo gantwortet. I gloube, das isch es positivs Zeiche.

Tja, so isch es, mir Froue träffe üs itz halt nümm regelmässig. Ig bi die Einzigi, wo mängisch no i «Coffee Shop» geit. Mittlerwyle weiss ig ou, wie ig mis Kafi muess bstelle:

«E chlyne Cappuccino bitte – ohni Milch.»

Stefanie Christ (1981) ist Kunsthistorikerin und Kulturredaktorin der Berner Zeitung.

2011 erschien ihr Romandebüt «Die Grenzen der Nacht» im Berner Nydegg Verlag. Es folgten verschiedene Publikationen, darunter Kurzgeschichten, Kolumnen und Mundartdialoge. www.stefanie-christ.ch.

SO
Walter Däpp

So! Also. – «So» isch es churzes u bündigs Wort, wo nume us zwe Buechstabe besteit u doch e Huuffen usseit. So? Oder: So! So isch es! Mit emnen Usruefzeiche. Oder: Nei, nid so – so! Oder de cha me so sym Erstuune Usdruck gä: Soo vil, soo hööch, soo guet, soo lieb, soo schön! «So» cha o rächthaberisch u belehrend sy – u spitz: Soso! Oder bewundernd frage: Soso? Oder vor Unverbindlechkeit strotze, we me seit, wies eim so geit: S geit, sosolala.

«So» isch es Allerwältswort. SO isch o d Abchürzig für e Kanton Solothurn oder für di italiänischi Provinz Sondrio. Oder für Schwäfelmonoxid. E philippinische Schachspiler heisst so: Wesley So. U ne Schütteler us Guinea-Bissau heisst o so: Ibrahima So. E sprachlechi Steigerig vo «so» heisst: sowiso. U hüüffig steit men im Läbe vor der Frag: So oder so? Dadrüber hei mer letschthin diskutiert, wo mer über Weichestellige im Läbe gredt hei: Wies äch wär usecho, we me denn oder denn angers entschide hätt – so statt so.

Mir hei de zäme Znacht gchochet und is gfragt, öb men es Stück Fleisch statt vor em Nidergare o nach em Nidergare cha chnuschprig aabrate? Mir heis de so gmacht (i gloub nach em Nidergare), aber eine vo de Kollege het gseit, das syg total dernäbe: Nidergare tüeg me nid so, sondern so. Är machs gäng so, u heigs scho gäng so gmacht. Bi ihm sygs äben eso. «Soso?», het öpper schnippisch gseit, aber: «I has bis itz gäng angers gmacht als du: Nid so – sondern so! U s dünkt mi, es syg o gäng guet usecho.»

Me het ne de fei e chli i d Zange gno, dä wo ds Wort «so» so dezidiert für sich het in Aaspruch gno. Drum ischs guet gsi, dass öpperem i däm Momänt, wos mit der Stimmig a däm Aabe so oder so hätt chönnen usecho, es gschyds Zitat isch i Sinn cho (vom

Gerhard Schröder oder so): Me chönns «so» mache oder «so». Är syg für «so».

«Ja, so isch es», het öpper gseit, «genau so.» En angere het gseit, är gseis o so. U sogar dä, wo gseit het: «So macht mes – u nid so», het gnickt u gseit: «Auso. De mache mers halt mau eso.»

Aus dem Buch «steirych», Zytglogge-Verlag, 2013

Walter Däpp (1946), ist Journalist in Bern. Für SRF1 ist er Autor berndeutscher Morgengeschichten, die im Zytglogge-Verlag auch in Buchform erschienen sind.

Weitere Bücher (u. a.): «Herrlich komplizierter Lauf der Zeit» (Reportagen aus der Schweiz); «Vom Traum, reich zu sein» (Armut in der reichen Schweiz); «Von Herzen» (über den Herzchirurgen Thierry Carrel und seine Patienten). www.walterdäpp.ch.

MAX
Urs Dickerhof

Im Canale dümpeln einige wenige Boote. Die Sonne zaubert Häuserschatten auf die Wasseroberfläche. Tauben trippeln über den Landesteg vor dem Ristorante. Eine blinde Dame ertastet mit ihrem Stock den Weg zu einer Brücke. Der Kellner bringt das Bestellte. Flüchtige Gedanken und einmal mehr das Bedürfnis, mich an den toten Freund zu erinnern, an ihn, für immer und ewig neununddreissig Jahre jung.

«Sie hat kein Glück zwischen den Beinen», hast du von Claire behauptet, an einem Samstag, inmitten deiner Bilder von Äpfeln als brünstige Mösen. Deine erstickten Träume zu Beginn jenes Frühlings hatten dich zermürbt. Müde davon, dich bis zur Neige auszukosten, lebtest du mit dem Rücken zur Wand. «Das Leben ist nicht fair», hast du gesagt und gemeint: mit dir. Dann lästerten wir über Gott und die Welt und lachend schoben wir uns unsere Mängel in die Schuhe. Wir berauschten uns an erfundenen Geschichten, verloren uns in gemeinsame Absichten wie jener Idee eines langen Abends: im Dunkeln malen und dann gemeinsam auf den Morgen warten. Widerborstige Meinungen wechselten sich ab mit ungehörigen Vorhaben. Oder wir zitierten Cummings' Gedicht von den lieben alten Leutchen, die unsere Welt beherrschen – und dich und mich, wenn wir nicht Obacht geben – die goldig betulichen, hirnlosen Wachsfiguren, vollgepfropft mit muffigen Ideen, die Quintillionen von unglaublich tattrigen, gottesfürchtigen, zahnlückigen, immer-so-auf-anderer-Leute-Angelegenheit-erpichten Zweifüssler, die lästigen, lieben, nutz- und haarlosen Alten. Sie sind zu alt, um noch zu leben, und trotzdem ohne Mitleid bis sie kümmerlich verenden.

Wir gehörten niemandem, es sei denn als Schimmer in den Gedanken von jemand, dessen Erinnerung von keinerlei Verletzungen getrübt sein will. Jemand wie Matilda in jenen Amsterdamer Sommerwochen. Sie machte uns glücklich, diese knabenhafte Frau, seltsam empfindlich und voller ungestümer Leidenschaft. Sie roch nach Minze und ihr Atem über dir oder mir war ein pausenlos wimmerndes Seufzen, tief aus ihrer Kehle. Sie liebte es, vor uns herzulaufen. Sie wählte die Kneipen, in denen wir tranken und uns Geschichten auftischten. Sie wollte ans Meer, und wir schrieben unsere Namen in den nassen Sand und warteten, bis die Wellen sie wegspülten. Sie zeigte uns Dinge und Szenen, die ihr gefielen in Breughels Bildern. Sie schwärmte für den Apfelkuchen mit Zimt im Stedelijk Museum. Sie liebte es zu scherzen, und sie lachte, als sie uns verliess.

Ein anderes Mal die genussvoll unschlüssigen Gespräche in einer Bar in Bochum. Wir missbilligten das schlechte Gedächtnis der Menschen. Wir verurteilten die Herrschaft der puren Vernunft. «Wenn alles andere fehlt, ist das Gefühl alles», beteuerte Peter. «Und wenn die Sinnlichkeit fehlt, geht die Welt zugrunde», ergänzte Richard. «Ausser seiner Begeisterung habe ich von ihm noch nie etwas gesehen», lautete die Einschätzung von jemandem, den du und ich nicht kannten. Mark Twain wurde zitiert: «Gott hat den Menschen erschaffen, nachdem er vom Affen enttäuscht war. Danach hat er auf weitere Experimente verzichtet.» Polemische Meinungen machten sich breit. Alltägliche Beschädigungen kamen zur Sprache und endeten mit deiner Feststellung: «Vieles bleibt unausgesprochen, weil einem die Worte fehlen.» Wir bestellten eine weitere Flasche Wein. Es folgten Gedanken wie welkende Blumen. Es folgten Einerlei und zunehmende Stille. Es wurde spät und später und wir verabredeten uns auf den Tag danach.

Venezia d'inverno. In der Sonne vor der Osteria ist es warm. «Es plätschert die Lagune, Lichtkleckse necken meinen allzu schweren Blick», schreibt Joseph Brodsky. Während ich mich in sein Buch vertiefe, erkaltet mein Caffè. «Buonanotte fiorellino, buonanotte amore mio», tönt Francesco de Gregori aus dem offenen Fenster über mir. Ich versuche mit einer streunenden Katze zu reden. Ich verstehe noch immer nicht, was du meintest, als du einmal sagtest, dass du erwartest, verletzt zu werden. Unter den Arkaden hüpft ein Kind rückwärts in eine Pasticceria. Für die Frauen, die vorübergehen, erfinde ich Namen wie Luisella, Simona, Romina, Elena oder einfach Maria. Nachher will ich ziellos bummeln. Dabei werde ich dich vergessen.

«Packt mich nicht am Arm», hatte ich bei Fernando Pessoa gelesen. Daran dachte ich, als ich dich leicht gebeugt die welligen Dünen bei Zandvoort betrachten sah. Es war ein fahler Tag mit diesem zeitlos hohen Himmel, wie ihn die alten holländischen Meister malten. «Haarlem, Ende September» und «Das Scheitern eines weltlichen Lebens» heissen Bilder von mir von damals. Du sagtest, dass du sie magst. Die abendlichen Zwiegespräche am flackernden Feuer waren voller hochgestimmter Absichten. Wir wurden Zeugen, weshalb Jules und Jim im Spätprogramm plötzlich ausser Atem waren. Vor dem Haus bellten Hunde und eine Frau rief einen Namen. Anderntags fuhrst du zurück nach Bern. Es regnete. Ich las das Neueste vom Tag und ich konnte es drehen und wenden wie ich wollte: Alles was wir gemeinsam erleben, kann für den anderen auch ganz anders sein.

Draussen ist Venedig. Eigentlich bin ich hier, um zu arbeiten. Eigentlich stört es mich, an dich zu denken. Zwischen uns ein Abgrund, der nichts mit uns zu tun hat. Zwischen uns die lange Zeit seit deinem Leben voller Sehnsucht nach ungestümer Freude. Vor dem Fenster zeternde Möwen. Der Name des Hotels ist nicht von Bedeutung. Von einem langen Spaziergang bleibt nur Anna zurück. Nachts scheint ein milchweisser Mond. Verblichene Äusserungen von wem auch immer sind plötzlich funkelnde Erkenntnisse: «Diese Stadt ist der ideale Platz für Liebe und Verrat», oder: «So gut dieser Ort auch für Flitterwochen sein mag, man sollte ihn auch für Scheidungen ausprobieren.» Einmal hier zu sein, blieb ein unerfüllter Wunsch von dir. Zu früh ist dir der Tod zu nahe gekommen. Draussen ist die Farbe des Himmel zart wie die Haut der blassen Frauen, denen dein Verlangen galt. Mir ist, als schlafe die Zeit. Ich habe nichts vergessen.

Urs Dickerhof (1941), geboren in Zürich, dort und in Agarone (TI) aufgewachsen, lebt in Biel.

Seit den 1960er-Jahren Ausstellungen und Kunst im öffentlichen Raum im In- und Ausland, sowie viele eigene Bücher und Katalog-Publikationen. Seit 1964 zahlreiche künstlerische und literarische Auszeichnungen, u. a. Kulturpreis der Stadt Biel. Von 1979 bis 2007 Direktor der Schule für Gestaltung Biel.

SO ALSO SAH ER SIE
Hannelore Dietrich

Obwohl Elli im vierten Stock wohnte und das Haus keinen Lift hatte, ging sie jeden Morgen noch halb im Schlaf zwischen sechs und halb sieben die Wendeltreppe zum Postkasten hinunter. Das Holen der Zeitung gehörte zu einem Aufwachritual, das mit dem Schrillen des Weckers begann und mit dem Überfliegen der Nachrichten beim Frühstück endete. Seit einem Jahr hielt sie es so, seit sie in diesen Altbau am Rand der Innenstadt von Köln gezogen war, nur je eine halbe Stunde von ihren beiden Arbeitsstellen entfernt.

Als sie an einem Mittwoch im Spätsommer wieder auf ihrem Stockwerk ankam, fiel ihr auf, dass jemand sie auf halber Strecke gegrüsst hatte. Eine Männerstimme hatte «Moin» gemurmelt. Das könnte die Person sein, die ihr in den letzten Tagen – oder waren es Wochen? – schon öfter auf der Treppe entgegengekommen war, die hinunterging, wenn sie mit ihrer Zeitung wieder heraufkam. Sie horchte und meinte, von unten ein leises Klappern des Briefkastens zu hören. Da wohnte offenbar jemand im Haus mit einer ähnlichen Gewohnheit wie sie.

Am nächsten Morgen grüsste sie zurück, als sie sich zwischen den weiss gekalkten Wänden aneinander vorbeischoben. Wieder sagte er «Moin», nicht «Guten Morgen» oder «Morjn» wie üblich hier. Beim Frühstück las sie zum ersten Mal seit einem Jahr nicht Zeitung, sondern hing ihren Gedanken nach, dachte zurück an ihre ersten Monate in einem Internat in Holstein; zehn Jahre war das her, sie war gerade sechzehn, die einzige Schweizerin dort. Fiel ziemlich auf mit ihrem Akzent. Und dann das «Moin» oder gar «Moinmoin», dieser seltsame Gruss dort oben im Norden. Ihr so fremd, dass ihr oft das heimische «Grüessech mitenand» entschlüpfte.

Man liess sie stehen, tuschelte hinter ihrem Rücken, bis Olga von Wedel, Abiturientin und Schülersprecherin, die Spötterinnen für provinziell erklärte und von St. Moritz schwärmte. So fiel der Glanz der Superreichen auf Elli, und sie verriet nicht, dass sie in Bern in einer kleinen Etagenwohnung aufgewachsen war und den mondänen Skiort nur aus Hochglanzprospekten kannte.

Vor zwei Jahren waren Olga und sie sich in Köln wieder begegnet. Olga hatte mittlerweile zweifach Karriere gemacht: Sie war Schulleiterin, die jüngste weit und breit, wie sie betonte, und sie hatte sich einen Wirtschaftsprüfer angelacht und ihre Eroberung mit einer Heirat besiegelt. Nur ein Kind – am liebsten eine Tochter – fehlte ihr noch zu ihrem Glück.

Merkwürdig fand Elli, dass sie dem Mann immer an derselben Stelle im Treppenhaus begegnete. Es war, als liefen zwei Uhrwerke ab, die aufeinander eingestellt waren. Der Mann blieb bei seinem «Moin». Kam wohl aus dem Norden und war erst kürzlich hergezogen. Sie warf heimlich Blicke auf ihn, was in dem schneckenförmig gewundenen Treppenhaus nur für einen Moment möglich war. Ausgebeulte Jeans trug er, Farbkleckse darauf, blau-weisse Fischerhemden oder graue T-Shirts, beides sehr weit, was er ihrer Meinung nach nicht nötig hatte, denn er wirkte gut gebaut. Komisch fand sie, dass sie ihn nie kommen hörte. Während ihre Sohlen auf der Holztreppe unvermeidlich Geräusche erzeugten, bewegte er sich völlig lautlos.

Nach der Arbeit ertappte sie sich öfter dabei, dass sie in Schaufenster mit Herrenschuhen starrte. Die mit den luftgepolsterten Sohlen dort drüben, dachte sie plötzlich, die könnten ein solches Schleichen erlauben. Am nächsten Morgen schaute sie verstohlen auf seine Füsse: Er trug gar keine Schuhe. Braunschwarz dürften die Fusssohlen sein und wie der Hausflur nach Bohnerwachs riechen.

Eine Woche nach dieser Entdeckung drehte sie sich, kaum war er vorüber, blitzschnell nach ihm um. Und blickte in zwei moorbraune, wache Augen.

«Hallo, Frau Nachbarin», sagte er und lachte sie an.

Elli nickte und hastete nach oben. Wieso Frau Nachbarin? Wohnte er etwa neben ihr?

Auf ihrem Stock stand eine der drei Wohnungstüren offen, sie ging darauf zu. Ein Geruch von Terpentin und Farbe stieg ihr in die Nase. Bist verrückt, Elli, dachte sie, als sie den Vorflur der fremden Wohnung betrat. Aber sie ging weiter, sah viele Topfpflanzen und unzählige Zeichnungsblätter an Leinen und Wänden im Wohnraum. Auf einer Staffelei ein Porträt, eine Kohlezeichnung, ein schmales Gesicht, grosse Augen, in denen man sich verlieren konnte …

Das war ja sie! Er war also Kunstmaler und nicht Anstreicher, wie sie aus den Farbflecken auf seiner Hose geschlossen hatte. Doch wie kam er zu ihrem Porträt? Er musste sie beobachtet haben, ihr gefolgt sein. Womöglich hatte er sie gar fotografiert. Oder er besass ein fotografisches Gedächtnis. So also sah er sie, ein wenig verträumt, zart, fast wie eine Anemone, viel betörender jedenfalls, als sie in Wirklichkeit war.

«Hallo!», tönte es hinter ihr.

Sie fuhr zusammen. Erwischt, dachte sie erschrocken.

«Einen Tee?»

Es klang belustigt und nicht, als wolle er sie wegen Hausfriedensbruch anzeigen. Sie sah ihn an. Unbekümmert wirkte er, jung, und ja, er gefiel ihr.

Sie sagte förmlich: «Bitte entschuldigen Sie mein Eindringen. Es kommt nicht wieder vor.»

«Schade!«

Elli lachte.»Sie sind Maler?»

«Nein, ich male nur.»

Ihre Augen schweiften über die Bilder. Sie gefielen ihr wie der Mann vor ihr. «Darf ich mir die Bilder ein anderes Mal genauer ansehen? Bin heute spät dran, muss ins Spital. Die Kinder warten.»

«Ich weiss.»

Sie sah ihn fragend an. Aber erst einige Wochen später gab er zu, dass er ihr gefolgt war, zur Erziehungsberatungsstelle oder zum Krankenhaus, je nachdem. Er habe gewusst, dass sie als Psychologin arbeite und als Clownin auf der Kinderkrebsstation. Die Begegnungen im Treppenhaus, erfuhr sie, waren inszeniert: Jeweils vier Minuten nach ihr war er zum Postkasten aufgebrochen. Sie aber habe ihn nicht beachtet. Wenn ihr Pferdeschwanz nicht so gewippt und gewinkt hätte, hätte er aufgegeben.

Wäre schade gewesen, dachte sie.

Aus: Vom Himmel gefallen. Edition 8, Zürich 2017

Hannelore Dietrich (1945), geboren in Norddeutschland, Studium in Münster, Sekundarlehrerin für Deutsch und Religionslehre. Mutter dreier erwachsener Kinder. Seit 1987 in der Schweiz.

Div. Literatur- und kreative Schreibkurse; Preisgewinn BE Lyriktage, 2002; Gedicht- und Erzählband: «Der Satz ins Weiter», ZH 2009; Roman: «Vom Himmel gefallen», Edition 8, ZH 2017.

ONCE UPON A TIME
Marc Urs Eberhard

Damals musste ich mir endlich eingestehen, dass meine immer wieder auftauchenden, meist beunruhigenden Vorahnungen, von mir als verlässliche Wegweiser für mein künftiges Leben zu akzeptieren seien.

Wir waren drei Wochen in den USA auf der alten 66 unterwegs gewesen und fuhren dann nach Tampa, wo Barbaras jüngster Sohn eine Stage in einem Hyatt-Hotel absolvierte. Bereits war der Weiterflug nach Miami gebucht. Wir sollten dort am frühen Abend des folgenden Tages eintreffen. Noch galt es, in Miami eine Unterkunft zu suchen. Ein unerklärlich ungutes Gefühl veranlasste mich, ein Hotel in unmittelbarer Nähe des Flughafens zu buchen. Es war die Zeit der Überfälle auf Touristen. Ich hatte keine Lust, in der Dunkelheit am fremden Ort herumzufahren und nach der Adresse eines mir unbekannten Hotels zu suchen. Ich erklärte mein Anliegen also dem Desk-Officer des Hotels in Tampa und gab die Reservation in Auftrag. Am nächsten Tag – dem Tag der Weiterreise – erfuhr ich, das Zimmer in Miami sei wunschgemäss gebucht. Entgegen meinen ausdrücklichen Wünschen war die Reservation freilich im zentrumsnahen Hyatt in Miami vorgenommen worden. Offenbar hatte man meine Anweisung zu wenig ernst genommen, hatte den Weg des geringsten Aufwandes gewählt und die Erledigung womöglich ohne die nötigen Detail-Informationen einer andern Desk-Office-Mitarbeiterin übergeben. Das und meine Vorahnung machten mich gereizt, nervös und auch ein bisschen niedergeschlagen. Eine heftige Diskussion, mit dem Angestellten führte zu nichts. Resigniert gab ich auf.

Der Flug nach Miami hatte Verspätung. Wir landeten gegen 23 Uhr in Miami-Airport. Bei Hertz holten wir einen eleganten US-

Car ab, ein weisses Coupé. Barbara war wenig begeistert, fand den Schlitten zu schick und zu auffällig. Wir verluden unsere Koffer und fragten den für die Übergabe zuständigen Beamten nach dem Weg zum Hotel.

«Sie fahren auf Highway Nr. 836 Richtung Miami Zentrum, nehmen die vierte Abfahrt und finden dort Ihr Hotel.»

Mit ungutem Gefühl verliessen wir die Verleihstelle und fuhren in die tiefschwarze, heisse Nacht. Vor der Auffahrt auf den Highway hielten wir an einer Stopp-Strasse, als unvermittelt ein Schwarzer aus dem Nichts auftauchte und mit einem schmierigen Spray unsere Scheiben besprühte, ans Fenster klopfte und etwas gar heftige Zeichen für das Öffnen des Seitenfensters und wohl für ein Trinkgeld machte, eine in der Region übliche Art des Bettelns. Ich zog es vor, mit ungeöffneten Fenstern und einem ziemlich flauen Gefühl im Magen unverzüglich weiterzufahren.

Auf dem Highway machten wir nach der dritten Abfahrt zur linken Seite das gesuchte Hotel aus; die Leuchtschrift Hyatt war nicht zu übersehen. Wir wunderten uns; hatte doch der Mann bei Hertz deutlich gesagt, wir sollten nach der *vierten* Ausfahrt wegfahren. Das stellte sich nun als falsche Auskunft heraus. Zudem führte sie uns in eine Falle. Wir verliessen die Autobahn bei der nächstmöglichen Ausfahrt, gerieten dort in eine signalisierte Umleitung, die uns unter der Autostrasse zu einem Rotlicht führte. Es war unterdessen Mitternacht geworden. Korrekt hielt ich vor dem Rotlicht an. Weit und breit war kein anderer Verkehrsteilnehmer auszumachen. Von rechts rollte nun langsam ein ziemlich verlotterter Wagen heran und kam halbwegs vor unserem eleganten Mietauto zu stehen. Drinnen sassen drei Gestalten, die von Barbara ziemlich genau erkannt, von mir aus den Augenwinkeln heraus nur als Schemen wahrgenommen werden konnten. Instinktiv legte ich den Rückwärtsgang ein und liess mein Auto sehr, sehr langsam und kaum merklich rückwärts rollen, legte dann den ersten Gang ein. Ich wollte für alle Fälle freie Bahn haben. Das entsprach meinem üblichen Sicherheitsdenken. Im gleichen Augenblick sprangen drei Personen aus dem Wagen vor uns, zwei Mulatten und eine Schwarze. Alle drei waren mit Revolvern ausgerüstet, die sie auf uns richteten. Sie hatten mein sachtes Rückwärtsfahren offenbar nicht wahrgenommen und waren überzeugt, mir den Weg verstellt zu haben. Ohne eine Sekunde zu verlieren drückte ich das Gaspedal voll hinunter.

Barbara brüllte: «Fahr los! Weg! Weg!»

Ihr Schreien war mehr als verständlich, aber unnötig, hatte ich doch schon entscheidende Sekunden vorher reagiert. Auf der linken Strassenseite gab es noch eine Lücke zum Entkommen. Ich war entschlossen, jeden zu überfahren, der sich mir dort in den Weg stellt. Es knallten Schüsse. Ich sah drei Mündungsfeuer und hörte ein unangenehmes hartes Knallen unmittelbar vor, dann neben uns. Mit Vollgas preschte ich an der immer noch auf Rot gestellten Ampel und den Carjackern vorbei, preschte auf den Highway Richtung Airport, flitzte mit Volltempo Richtung Ausfahrt drei, verliess die Autobahn und fand mich kurz darauf vor dem Portal des gesuchten Hotels.

An der Rezeption machten wir Meldung. Man informierte die Polizei. Derartige Fälle, die oft tödlich endeten, waren damals in der Region an der Tages- beziehungsweise Nachtordnung. Ein herbeigerufener, behäbiger Sheriff meinte lakonisch, wir hätten unglaubliches Glück gehabt. Im besten Falle wäre uns alles gestohlen worden, und wir hätten uns allein, womöglich zusammengeschlagen, in dieser trostlosen, unbekannten Umgebung weiterhelfen müssen. Im Normalfall – leider – würden die Menschen bei solchen Raubüberfällen umgebracht.

Wir genehmigten uns einen Drink, ich rauchte ein halbes Päckchen «Gitanes». Dann versuchten wir zu schlafen. Barbara hatte die Fratzen der Verbrecher hinter den Mündungsfeuern deutlich gesehen; sie verfolgten sie in den kurzen Schlaf. Am anderen Morgen stellten wir in der Dachleiste unseres Mietwagens, gleich über dem Kopf meiner Mitfahrerin, drei Einschusslöcher fest.

Seit jener Nacht nehme ich meine Vorahnungen ernst und bin unendlich dankbar für diese Signale aus dem Unbewussten.

Auszug aus «Tosa Nikki» 1965 – 1995)

Marc Urs Eberhard, geboren in Thun. Schulen in Thun. Primar- und Sekundarlehrer. Ergänzende Studien in Musikwissenschaft, Kunstgeschichte, Journalistik in Bern, Florenz und Paris. Einsätze als IKRK-Delegierter, UNO-Adviser, Reiseleiter.

Journalistische Tätigkeit vorwiegend in Kulturressorts. Musik- und Theaterkritiken für «Berner Zeitung» und «Bund». Kolumnen, Essais; zwei SJW-Hefte.

TEXTE
Peter Fahr

«Wir bekämpfen den Terrorismus.
Wir vollziehen unsere Verfassung,
indem wir das syrische Volk schützen.»
BASCHAR AL-ASSAD, PRÄSIDENT VON SYRIEN

Terror

Jetzt fallen sie wieder
diese zwei Silben
wie Bomben

Verbraucht und verschlissen
allen zum Vorteil
zum Nachteil aller

Verbohrt und verlogen
allen dienlich
gegen alle

Verhurt und verraten
von allen
für alles

Jetzt fallen sie wieder
und reissen Wunden
wie Krater

*«Blut und Zerstörung. Aber was
mich wirklich entsetzt, ist, dass die
toten Kinder (...) lächeln, während
die lebenden weinen.»*
ZAHER SAHLOUL, SYRISCH-AMERIKANISCHER ARZT

Letzte Woche

Letzte Woche starben
nahe der syrischen Grenze
sieben jordanische Soldaten
bei einem Selbstmordanschlag
und Jordaniens Armee erklärte
die Region zum Kriegsgebiet

Tausende syrische Flüchtlinge
Männer Frauen Kinder
harren seit acht Tagen aus
in der jordanischen Wüste
ohne Nahrung und Medizin
ohne Aussicht auf Rettung

So viele Vertriebene
die Hälfte davon Kinder
sind ausgeliefert der Angst
dem Hunger dem Fieber
und brauchen dringend Hilfe
in der glühenden Hitze

Die Sonne brennt
Haut und Lippen platzen
die Eingeweide verklumpen
der Atem setzt aus
und die leeren Augen
der Verzweifelten brechen

*«Das Grundrecht auf Asyl für politisch
Verfolgte kennt keine Obergrenze.
Das gilt auch für die Flüchtlinge,
die aus der Hölle eines Bürgerkrieges
zu uns kommen.»*
ANGELA MERKEL, DEUTSCHE BUNDESKANZLERIN

Willkommen

Wir liefern Waffen
den Kämpfenden
und gnadenlos
treiben sie euch
zur Flucht

Ihr rudert in Booten
übers Meer
manche ertrinken
manchen gelingt
das Unfassbare

Seid willkommen
Überlebende
hier seid ihr sicher
wir umarmen euch
öffentlich

Hier seid ihr frei
selbstlos
beherbergen wir euch
in Zelten
und Baracken

Wir lehren euch
Redlichkeit
Genügsamkeit
Bescheidenheit
Zufriedenheit

Seid dankbar
Elende
verdient euer Brot
demütig
in den Fabriken

Baut die Waffen
die wir liefern
ohne Hass
vergesst die Heimat
für immer

Seid willkommen
Fremde
seid willkommen
Freunde
willkommen

Peter Fahr (1958), geboren in Bern.

Nach ersten Buchveröffentlichungen (Gedichte, Geschichten, Collagen) und viel beachteten Plakat-Aktionen mit Aphorismen schreibt er Bücher mit zeitkritischen Essays und politischer Lyrik. Auf Liebesgedichte folgen Kinderbilderbücher, eine Erzählung und die Autobiografie. www.peterfahr.ch.

IM BUS
Regine Frei

Obwohl im Gang mehrere Fahrgäste stehen, ist ganz hinten im Bus noch ein Platz frei. Schnell setze ich mich und ziehe mein Buch aus der Handtasche. Die Fahrt zur Arbeit dauert nur wenige Minuten, doch für ein paar Seiten in meinem Krimi ist das genug.

Ich öffne das Buch an der markierten Stelle und will mich in die Geschichte vertiefen, als eine ältere Dame schräg vor mir meine Aufmerksamkeit erregt. Ich kenne sie vom Sehen. Stets trägt sie eine rote Baskenmütze und benutzt statt einer Einkaufstasche einen alten Weidenkorb. In Gedanken nenne ich sie daher Rotkäppchen. Trotz ihres Alters wirkt sie meist fröhlich wie ein junges Mädchen.

Heute aber scheint sie etwas zu beunruhigen, vielleicht sogar zu ängstigen. Ich klappe meinen Krimi zu. Rotkäppchen rutscht unruhig hin und her. Ihre Wangen röten sich. Mehrmals öffnet sie die Lippen, so als wolle sie etwas sagen, doch kein Laut dringt aus ihrem Mund.

Neugierde packt mich. Ich lehne mich weiter nach rechts, bis ich erkenne, wen die alte Dame anstarrt. Es ist ein mittelgrosser, breitschultriger Mann; unauffällig gekleidet mit Jeans und dunkler Jacke. Halblange, blonde Haare verdecken sein Gesicht, doch glaube ich, eine Brille zu erkennen. Warum bringt er die alte Dame so aus dem Gleichgewicht? Der Bus verlangsamt seine Fahrt und hält an der nächsten Haltestelle. Vorne steigt jemand ein, die hintere Tür bleibt geschlossen. Zwei kichernde junge Mädchen drängen nach hinten, die Fahrgäste im Gang verschieben sich leicht. Als die Fahrt weiter geht, hat sich der Blonde etwas nach links gedreht. Ein schneller Blick zu Rotkäppchen sagt mir, dass sie immer noch ganz angespannt ist. Ihre Augen sind starr nach vorn gerichtet, ihre Hände krampfen sich um die Henkel ihres Weidenkorbs.

Achtlos stopfe ich mein Buch in die Handtasche und stehe auf. Ich will wissen, was da vor sich geht. Nun befinde ich mich direkt neben der alten Dame und sehe, was sie beobachtet. Der blonde Mann hat die Hand ganz leicht auf die Schultertasche einer jungen Frau gelegt. Sie steht dicht vor ihm und ist auf ihr Mobiltelefon konzentriert. Im Gedränge ist ihre Tasche nach hinten gerutscht und nun zwischen den beiden eingeklemmt. Da, ich habe es deutlich gesehen: bei jedem kleinen Rucken des Busses öffnet dieser Kerl den Reissverschluss um einen weiteren Zahn. Schon jetzt hat er etwa drei Zentimeter geschafft. Ich merke, wie mein Gesicht den gleichen Ausdruck annimmt wie das von Rotkäppchen. Das ist ja unglaublich!

Leicht berühre ich die Schulter der alten Dame. Sie blickt auf, erkennt in mir eine Verbündete, schaut mich fragend an. Was sollen wir tun? scheinen ihre Augen zu sagen. Tun Sie doch etwas!

Wieder gibt es einen Ruck, wieder öffnet der Taschendieb den Reissverschluss ein wenig weiter.

Wir nähern uns der nächsten Haltestelle. Lass sie aussteigen! bete ich in Gedanken und ärgere mich über meine eigene Scheinheiligkeit. Der Bus hält. Wieder kommt nur vorne Bewegung in die Fahrgäste. Für einen Augenblick erwäge ich, einfach auf den Türöffner zu drücken und auszusteigen. Einmal draussen, ginge mich die ganze Sache nichts mehr an. Gut, ich käme zu spät zur Arbeit, aber das wäre weniger unangenehm als die Situation, in der ich mich jetzt befinde.

Mit einem Ruck fährt der Bus an, erneut arbeitet sich der Dieb ein wenig weiter vor. Das Wort «Langfinger» schiesst mir durch den Kopf. Keines könnte besser passen zu diesem Kerl. Seine Hände sind schmal und sehnig, die Finger lang und geschickt.

Nochmals wechseln Rotkäppchen und ich einen Blick. Wir müssen etwas tun! Mich packt die Wut. Ich fasse meine Handtasche fester und dränge mich nach vorn, entschlossen, dem Kerl die Tasche auf die Finger donnern zu lassen. Schon kann ich seine

Knochen knacken hören, schon gellt mir sein Schmerzensschrei in den Ohren.

Aber soweit kommt es nicht. Die Bremsen quietschen. Der Fahrer hupt und flucht laut. Ich werde nach vorne geschleudert und greife nach dem ersten Halt, der sich bietet. Es ist der Arm des Blonden, der ebenfalls stolpert, sich dann aber an einer Stange festklammern kann. Der Bus steht still. Für einen Augenblick herrscht Verwirrung, die Fahrgäste entschuldigen sich gegenseitig, heben auf, was zu Boden gefallen ist.

Auch ich rapple mich auf und blicke direkt in die blauen Augen von Langfinger. «Entschuldigung», murmle ich automatisch. Mit einem «Schon gut» wendet er sich mürrisch ab. Die Frau mit der Schultertasche steht nun weiter links, ausserhalb seiner Reichweite. Jeder Fahrgast ist jetzt hellwach und hält seine Habseligkeiten fest. Hier gibt es für Taschendiebe nichts mehr zu holen. Über den Lautsprecher entschuldigt sich der Chauffeur für die Vollbremsung, beklagt sich über die Fahrweise der Radfahrer und bittet alle, die Schaden genommen haben, sich bei ihm zu melden.

Die Fahrt geht weiter. Endlich nähern wir uns meiner Haltestelle. Sind seit der Abfahrt wirklich erst wenige Minuten vergangen? Die Handtasche fest an mich gepresst, schiebe ich mich am Taschendieb vorbei nach vorn und drücke den Türöffner. Beim Aussteigen werfe ich Rotkäppchen noch einen kurzen Blick zu. Sie nickt freundlich und lächelt verschmitzt.

Gleichzeitig steigt auch Langfinger aus. Er knöpft seine Jacke zu und verschwindet hastig in einer Seitengasse.

Regine Frei (1965), geboren in Visp. Die Buchhändlerin lebt und arbeitet seit 1987 in Bern. Sie ist verheiratet und Mutter eines Sohnes.

Zwischen 2005 und 2017 sind folgende Kriminalromane erschienen: «Gerechtigkeit für Veronika», «Im Schatten des Flieders», «Alte Freunde», «Finale im Nebel» und «Gute Nachbarn».

AM KÜCHENTISCH
Christina Frosio

Hermann, morgen ist es so weit. Morgen wird Jakob operiert. Gleichzeitig an beiden Augen. Das ist so üblich heutzutage. Gleichzeitig beide Augen. Hermann, stell dir vor, unser Jakob wird die Strasse entlangkommen, nicht mehr nach vorne gebeugt, sondern in gerader Haltung, mit sicherem, schnellem Schritt. Wie die jungen Nachbarsmänner. Du weisst es noch nicht, aber Jakob und ich haben wieder Nachbarn. Zwei Männer und eine Frau sind eingezogen. Ich weiss ja nicht, wie das bei denen gehen soll im Haushalt. Mich stört der Lärm. Schon beim Einzug. Lärm bis in die Nacht. Ich habe die Fahrten nicht gezählt, doch mindestens zehnmal fuhr ein kleiner Lieferwagen vor. Unmengen von Sachen. So jung und schon so viele Sachen. Jakob und ich haben auch Vieles, weil wir sorgfältig sind und alles aufbewahren. Jakob trug diesen Winter zum dritten Mal denselben Mantel, und deine Kleider hängen noch immer in meinem Schrank. Bald kann Jakob sie tragen. Er ist jetzt gross. Ausgewachsen, sagen die Ärzte. Auch seine Augen. Deshalb können sie operiert werden.

Wenn das nur gut geht. Ich wünschte, alles wäre schon vorbei, überstanden.

Jakob und ich leben ruhig, bescheiden. Grosse Sprünge sind nichts für uns, und die Rente ist klein. Ich will nicht klagen. Aber immer diese Musik. Die Bässe, sagt Jakob. Es sind nur die Bässe, die durch die Wand dringen. Und dann das Getrampel auf der Treppe. Nie ist es still. Auch nachts nicht. Da kommt kein Schlaf, nein, da grüble ich hellwach und wenn der Morgen kommt, habe ich den Wunsch zu schlafen, nicht weil ich müde bin, sondern weil es mir nicht möglich ist und der Tag zu gross und er mich zu erdrücken droht. Da bin ich schon am Morgen ganz verkrümmt, reibe mir die Stirn wund und denke ohne Pause, immer dasselbe:

wenn das nur gut geht, die Operation und auch alles andere. Jakob glaubt den Ärzten. Ich würde den Ärzten auch gerne glauben, doch für mich ist alles neu und tönt bei jedem Gespräch wieder anders. Vor Jakob bin ich stark, sage, bald wirst du mir aus der Zeitung vorlesen, aus der richtigen Zeitung und nicht aus dem Amtsblatt, das Jakob täglich liest, am Küchentisch mit der Lupe vor dem rechten Brillenglas. Mit dem rechten Auge sieht Jakob immer noch besser.

Du würdest Jakob nicht wiedererkennen. Dreimal in der Woche kann er arbeiten, für ein paar Stunden. Ein geschützter Arbeitsplatz. Doch die meiste Zeit liegt Jakob auf seinem Bett. Die Augen offen, nach hinten verdreht, so dass nur noch das Weisse vom Augapfel sichtbar ist. Da kann ich rufen, so laut und so oft ich will, er hört mich nicht. Vielleicht träumt er. Irgendwelche Männersachen, was weiss ich. Manchmal steht er an der Strassenecke vor unserem Haus und ich sehe, wie er mit der jungen Nachbarsfrau spricht. Er passt ihr ab, da bin ich mir sicher. Ich beobachte, wie er auf sie einredet, die eine Hand wie ein Trichter vor dem rechten Auge, damit er sie besser sehen kann. Die Nachbarin lächelt dann. Sicher spricht er von der Eisenbahn, der Lötschberg-Simplonbahn. Über die weiss er alles. Einmal wurde er von einem Herrn aus unserer Kirchgemeinde eingeladen, diese Strecke zu fahren. Die Zugfenster waren offen, erzählte Jakob. Das Geratter der Räder und der Fahrtwind haben ihn fest in den Sitz gepresst. Die Luft war beissend. So riecht Eisenstaub, sagt Jakob.

Ich werde es tun. Nach der Operation werde ich mit den Nachbarn reden, sie vielleicht zu einem Kaffee einladen, so wie du es mir bestimmt raten würdest. Nach der Operation braucht Jakob Ruhe. Die junge Frau kenne ich. Nicht nur Jakob plaudert mit ihr, auch ich habe schon mit ihr geredet, am Zaun im Garten. Sie pflanzt Blumen, nur Blumen und verkauft sie auf dem Markt. Mit Fahrrad und Anhänger fährt sie die Blumen zum Markt. Manchmal trägt sie einen Rock beim Fahren. Du hättest mir so etwas nie erlaubt, und trotzdem, irgendwie ist es schön. Ich weiss nicht, ob du das verstehst. Jetzt zum Beispiel ist sie im Garten. Ich sehe sie durch das Küchenfenster. Sie steht auf einem Stuhl und bindet Wicken hoch. Mit Ästen hat sie ein Gerüst gebaut, obwohl draussen alles nass ist. Gestern Nacht ging ein Gewitter nieder. Ich holte Jakob aus dem Bett und wir gingen zusammen hinunter in die Küche. Bei Gewitter gehen wir immer in die Küche. Dir war das damals so wichtig. Die Gefahr möglichst klein halten. Klein halten. Das war einer deiner Leitsätze. Achtgeben, damit Mäuse nicht zu Elefanten werden. Denn dann wird die Welt grau, zwangsläufig, sagtest du immer.

Ich bin ganz steif vom Sitzen, ich sollte mich bewegen, etwas tun. Dein Bild in meiner Hand ist fleckig. Das dünne Glas, hinter dem dein Foto liegt, ist voller Fingerabdrücke. Ich werde sie wegwischen, bald, so wie ich auch das Frühstücksgeschirr abwaschen werde, das immer noch vor mir auf dem Küchentisch steht. Und dann werde ich die Fenster putzen, alle, ich verspreche es. Ich werde sie putzen bis sie glänzen, damit Jakob auf die Blumenbeete sieht, wenn er vom Spital nach Hause kommt und wir wegen Hitze und Staub die Fenster geschlossen halten müssen. Es sei besser, sagen die Ärzte. Kein Windzug, keine Pollen. Vielleicht trägt Jakob eine Augenbinde, ich weiss es nicht. Jedenfalls werde ich die Scheiben putzen, damit Jakob sie sehen kann, die Blumen. Irgendwann später.

Christina Frosio (1963), geboren in Zürich. Sie ist gelernte Floristin, verheiratet und Mutter von zwei Kindern. Nach der Ausbildung zur Sortimentsbuchhändlerin arbeitet sie heute in einer kleinen Buchhandlung im Berner Lorrainequartier.

Seit 2006 schreibt sie Kurzgeschichten, die verschiedentlich in Zeitschriften und Anthologien veröffentlicht wurden und für die sie bereits mehrere Preise bei literarischen Wettbewerben bekam. Ihr Buch-Debüt gab sie 2014 mit «Noch ist nicht Herbst» (Offizin Verlag).

IN DEN STERNEN
Christoph Geiser

Am sichersten fühlte sie sich im Halbdunkel, im gleichmässigen Dämmer. Die Aussenwelt blendete sie. Auch der Geräuschpegel musste dämmerig sein. Nicht, dass sie bettlägerig gewesen wäre, bis zum Schluss nicht. Sie schloss sich nicht ein. Sie tastete sich mit Händen und Füssen in den Aussenraum, der naturgemäss immer enger wurde. Sie wieselte über unsichtbares Pflaster. Sie erspürte das Türschloss für den Schlüssel mit ihren Fingern. Sie erkannte noch bis zum Schluss Stimmen. Sich selber vergass sie nie; und mich, ihr Patenkind, auch nicht.

Unsre letzte gemeinsame Gewohnheit war das Abendessen im *Läubli* für Raucher im Landgasthof *Zum Sternen*. Auch sommers, wenn man doch gern draussen gesessen wäre, im schattigen Kühlen: unsre gewohnte dunkle, stickige Ecke mit Kerzenlicht, unsere Nische. Ich landete sie sicher auf dem Stuhl mit dem Rücken zur hölzernen Wand, damit sie keine Stimmen im Rücken hätte; keinen Geräuschpegel hinter sich. Als Kinder nannten wir sie *Tante Bauza*, ihrer Rabauzigkeit halber. Der Geduldsfaden riss urplötzlich. Dann wurde sie unwirsch, wie Beethoven & Bernhard zusammen, ja herrisch, wie ihr Vater, der Oberst. Lautstark legte sie los gegen die vulgären Stimmen der Berner, war sie versehentlich auf dem falschen Stuhl gelandet. Sie beschwerte sich lauthals, wenn Kellner und Serviertochter sie warten liessen.

Ich kannte ihre Rabauzigkeit vor allem aus unsrer jahrzehntelangen Gewohnheit, einmal wöchentlich gemeinsam in einem Speiselokal zu Abend zu essen: die Gewohnheit der beiden Einzelgänger in der Familie. Sie bestand auf dem *Fräulein*. Sie war zweimal verlobt gewesen, hatte sich zweimal wieder entlobt, weil sie zur Einsicht gekommen war, sie hätte jeden Gatten nach zwei Wochen Ehe erwürgt. Lebt man beständig allein, sind Gewohnheiten und Zwänge ein lebensnotwendiges Ordnungssystem in der Uferlosigkeit des täglichen Haushalts. Nein, sie war nicht bloss Fräulein gewesen, wie's ihrem Milieu, das Berufstätigkeit für höhere Töchter nicht vorsah, gemäss gewesen wäre: ein Berufsleben lang Flüchtlingsmutter; vertraut mit der Organisation des Alltags unter erschwerten Bedingungen. Und ich, an meinem Schreibtisch, gewöhnt an die Organisation meines Berufsalltags ohne ausreichende Mittel und an das Selbstgespräch, tagelang ohne Gegenüber.

Ihre zunehmende Taubheit, die sie allmählich aus dem Kreis der Familie ausschloss, behinderte unser Gespräch am Zweiertisch nicht, während Jahren nicht. Erst als die schleichende Erblindung dazukam, störten die praktischen Schwierigkeiten beim Essen. Essen gehört zu den letzten Genüssen, wenn man allein lebt. Sie ass gern; sie ass viel; sie hatte einen gesegneten Appetit. Manchmal war die Gabel, die sie zum Mund führte, leer. Die Salatblätter landeten überall, nur nicht dort, wo sie hingehörten – ja, die Salatblätter waren das Schlimmste: die heutzutage immer zu gross sind. Sie kämpfte mit den Salatblättern und entnervte sich zusehends über diese Salatblätter, die keine normalen Salatblätter mehr waren wie früher. Was sie schliesslich zum Mund führte, war ein Zufallstreffer. Eine Überraschung der Geschmacksnerven. Mit der Blutkrankheit, die wir *Morbus Palmström* nannten, bis wir nicht mehr wussten, wie dieser Morbus wirklich heisst, denn auch sie mochte Morgenstern, begannen die Schwierigkeiten mit der Sauerstoffzufuhr.

Blind, taub und atemlos – an unserem Zweiertisch im Läubli für Raucher, abgeschirmt, bei äusserster Konzentration, ohne Rücksicht auf Salatblätter, war ein Gespräch über Thomas Bernhard noch immer möglich. Manchmal bat sie mich um einen Zug aus meiner Zigarette – nach der Darmkrebsoperation hatte sie nicht wieder zu rauchen begonnen – und ich hatte nur darauf zu achten, dass sie die Zigarette, die ich ihr zwischen die gespreizten

Finger steckte, nicht verkehrt herum in den Mund nahm. Sie verzichtete nicht auf den Grappa nach dem Essen.

Erst nach ihrer zweiten Operation, auf der sie bestanden hatte, mit neunzig, in der Überzeugung, der Mensch sei reparierbar wie ein Auto, riss der Faden zur Aussenwelt. Unsere Gespräche, in der gewohnten Nische – im Läubli für Raucher, im Landgasthof Sternen –, wurden zum reinen Gedächtnistraining. Personen, Namen, Geschichten, passten nicht mehr zueinander. Die Information wurde zum Puzzle, das wir gemeinsam zusammenzusetzen versuchten. Sie wusste nicht mehr, ob sie von der schweren Erkrankung ihrer Nichte bloss geträumt hatte, oder ob *der Spatz* wirklich erkrankt war. Sie fragte mitunter, ob der oder jene schon tot seien. Doch noch immer wusste sie, in unserer Nische, wo sie war, und: mit wem. Im Lichtkegel der Tischlampe, zwischen fliegenden Salatblättern, alles andere ringsum störte.

Nach unserem letzten gemeinsamen Abendessen rief sie mich anderntags an. Wie sie noch zu telefonieren vermochte, weiss ich nicht. Aber sie wusste, mit wem sie sprach. Sie habe mir gestern Abend eigentlich noch etwas sagen wollen, jetzt sei es ihr wieder eingefallen. Jemand – Mann oder Frau sah sie nicht mehr; und wohl auch Stimmen, die sie nicht kannte, verschwammen ihr – jemand habe sie in der Seniorenresidenz angesprochen und ihr gesagt, er oder sie habe mich ganz besonders gemocht und bedaure nur, dass ich so früh habe sterben müssen. Ich schluckte leer; schwieg einen Moment; antwortete dann: aber Bauza, hier stimmt doch etwas nicht. Ja, was denn?, fragte sie. Bauza, eigentlich bin ich ja noch nicht gestorben. Sie schwieg einen Moment. Stimmt eigentlich, gab sie zu. Nach einigem Raten und Überlegen kam ich zum Schluss, dass sie womöglich darauf vertraute, dass uns auch da droben, in den Sternen, eine Tafel gedeckt wäre. Im Läubli, für Raucher.

Christoph Geiser (1949), geboren in Basel, lebt als freier Schriftsteller in Bern und Berlin.

Seit 1968 veröffentlicht er Gedichte, Erzählungen und Romane, z. B. «Grünsee» und «Brachland», «Das geheime Fieber» und «Das Gefängnis der Wünsche». Zuletzt erschienen 2013 im Offizin Verlag Zürich «Schöne Bescherung. Kein Familienroman» und 2016 in der Reihe «Die Lunte» im Spiegelberg Verlag Zürich. «Da bewegt sich nichts mehr. Mordsachen».
www.christophgeiser.ch.

AUF DEM LAND
Iris Gerber

Auf dem Land hat's im Winter viel Schnee.
Das macht Arbeit mit Schaufeln bis die Strassen frei, und erst die Senklöcher,
und wenn der Schnee endlich am Haufen, kommen die Rückenschmerzen.
Auf dem Land gibt's vom Frühling an überall hohes Gras und alle,
ob die Einfamilienhäusler mit ihren elektrischen Rasenmähern,
oder die Bauern mit den Mähmaschinen, manchmal Sensen,
ob Kühe mit ihren siebenmal kauenden Mäulern und Mägen,
und entlang der Bahndämme oder sonst in unwegsamen Gebieten die Schafe,
alle müssen dem Gras wehren.
Auf dem Land regnet's ausgiebig, aber das sei gut für den Boden, hört man.
Sonst ist da nicht viel los.

Auf dem Land fahren all die Subarus und 4 × 4 herum,
mit Spuren von erdigem Dreck an den Felgen und mit Spikes im Winter.
Auf dem Land flitzen all die getunten Halbsportwagen
mit aufgesetzten Spoilern und dröhnender Bummbumm-Musik,
am Steuer junge Männer, unter Schirmmützen meist und mit Mienen,
mindestens wie James Dean und Bushido,
sich und ihrer Wirkung sicher, ja, sie und das Leben sind schön und schnell.
Auf dem Land sind auch Traktoren auf den Strassen und schleppen Anhänger

mit Gras und Heu und Mais und Futterrüben und Kartoffeln
    und Mist.
Die Subarus fahren mit dreissig hinterher,
aber die spoilerbesetzten Sportwagen riskieren Hals und Kopf,
    das geht auf Ehre mitsamt Auto.

Auf dem Land stehen Kreuze am Strassenrand.
Manchmal mit Blumen, noch frischen, dann mit solchen aus
    Plastik,
einem kleinen in die Ewigkeit drehenden Windrädchen, einem
    knienden Engelchen,
nach langgezogenen Kurven, freien Achtziger-Strecken, bei ein-
    sam stehenden Bäumen.
Bei den Dorfeinfahrten stehen Plakate, so dass man weiss,
dass die Musikgesellschaft ihren Auftritt hat,
dass Dorfmarkt ist und damit schulfrei für die Kinder,
dass Blut gespendet werden sollte am nächsten Mittwoch,
dass Abstimmungswochenende ist,
dass ein Open Air-Konzert in der Grube stattfinden wird
und die Bilderausstellung im Schulhaus.

Auf dem Land grüsst man einander auf der Strasse,
und nicht selten bleibt man stehen, um miteinander zu schwatzen.
Auf dem Land weiss man voneinander, wie's so geht,
wer operiert werden musste und wer die Frau verlassen hat,
wer ein Kind erwartet und wer in den Gemeinderat will,
dass der einen Unfall hatte und die nun allein durchmuss.
Auf dem Land spricht man anders – ees, zwö, drüü u Stärnäföifi,
man sagt: Bei uns gilt noch, und noch ist das Wichtigste,
man hat noch, man tut noch, man schaut noch
und sieht halt, dass die Zugezogenen einem ziemlich fremd sind
    und es bleiben,
auch wenn man eigentlich nichts gegen sie hat.

Auf dem Land ist fast jeder König, mit Boden und Haus und
    breitem Dach,
mit Ställen für Fleisch und Milch und Pferden auf der Weide,
Kindern mit ihren Spielen in der Vorfahrt neben den zwei/drei
    Autos,
zu allem Glück die Grosseltern nebenan und die Dependance
im Kreuz oder im Löwen, im Hirschen oder im Bären.
Im Restaurant Bahnhof ist wieder eine neue Serviertochter,
wie die letzte von Polen oder Mazedonien, für die Sommersaison
    als Aushilfe.
Der Hirschen macht auf Entrecôtes, der Bären auf Erbssuppe mit
    Gnagi,
im Bahnhof geht man zum Italiener und überall stehen die
    Stammtische
voller Bierhumpen, noch eine Runde! Während die 4 × 4 und
    Subarus
auf dem überstellten Parkplatz warten auf ihre Heimfahrt auf
    Nebenwegen.

Auf dem Land sind die Dorfrandzonen jetzt modern aufgebrezelt,
sogar mit einem McDonald zwischen den Tankstellen, so dass
    man nach dem Match
und wenn das Pascha und Dorado schliessen, weiss, wohin man
    noch gehen kann,
wo auch der Parkplatz gross genug ist, damit das glänzende Blech
    wirkt und man sieht, wer vom Beifahrersitz herausstöckelt
    mit Lust auf Zigarette und Red Bull.
Das ist der Samstagnacht-Dorfplatz für all die James Deans und
    Bushidos,
die nochmals anders sprechen – hej mann! Huere! Weisch!
    Wosch brätsch?
so dass sie voneinander wissen, wer heiratet und wem die Freun-
    din weg,

wer den Hof übernimmt, das Auto gecrashed und wer in der
 Stadt jetzt Arbeit hat,
bevor man den Motor anwirft und hochtouren lässt und doch nie
 die Abgase erzeugt,
die die dicken chromglänzenden Auspuffrohre versprechen.

Auf dem Land ist's schön, da weiss man noch und hat man noch,
 und das ist gut.
Auch dass die Idylle lebt und das Klischee stimmt. Eine einsame
 Linde auf der Egg,
und jeder ist in einem Verein. Ein bisschen langsamer, ein bisschen herzlicher,
und der Kaffee nach dem Essen im Kreuz geht aufs Haus.
Auf dem Land ist's schön und die Schulwege sind lang, Regenüberkleider oder Postauto,
Mofas für die ab vierzehn und die, denen der Fahrausweis entzogen wurde.
Auf dem Land ist's schön, das wissen die Städter, die an Schönwetterwochenenden kommen
fürs Entrecôte im Hirschen, dem Gnagi im Bären und weil's auf
 den Höhen schön und die Luft gut ist.
Sie könnte nicht in der Stadt leben, sagt sie, und für die Kinder
 sowieso sei's besser
und der Garten wichtig, die Hypothek auf dem Haus zwar hoch,
 aber der Mann schaue jetzt für eine andere Arbeit, so dass
 er nicht ewig um sechs in der Früh auf den Zug müsse.

Auf dem Land ist's ruhig. Die Umfahrungsstrasse hat das ihre
 beigetragen.
Ins Dorf fahren nur noch Zubringer, Traktoren, Mofas, die Autos und Postautos zum Bahnhof.
In den Zügen wird der nächste Halt dreisprachig ausgerufen,
 auch wenn keiner mitfährt,

der die Stationen nicht längst im Blut hat. Weg fahren alle im
   überfüllten Frühmorgenzug.
Zurück aufs Land kommen sie gestaffelt von ihren Arbeitsplätzen
   und den Oberschulen.
Der Schnellzug fährt vorbei, aber dass der Regionale kommt, ist
   zu sehen
an den wartenden Autos vor dem Bahnhof, weil die Postautos
nicht gern nach Einbruch der Dunkelheit noch fahren.
Wegweiser weisen aus dem Dorf und die Kirchturmspitze peilt
   Ewigkeit an,
die Hauptstrasse führt nebendurch und die summende Überlandleitung
überspannt Matten und Höhen und verliert sich, weite Fernen
   suchend, hinter dem Wald.

Iris Gerber Ritter, geboren in Bern, ist Pianistin und Autorin, im musikalischen Bereich spezialisiert auf die Interpretation zeitgenössischer Musik.

Als Autorin veröffentlichte sie den Roman «Nachtwerk – Hommage an eine Komponistin», erschienen im Verlag Zytglogge 2011, und 2016 in der Edition bianchineri «Augustos Füsse» mit Erzählungen, Lyrik und Prosagedichten. www.gerberritter.ch

DER AUFBEWAHRER
Domenico Gottardi

Ich würde ihm ähnlich sehen, sagen die Leute, die meinen Vater gekannt haben. Je älter ich werde, umso öfter sagen sie es. Seit er gestorben ist, und ich bald darauf fünfzig geworden bin, sehe auch ich ihn manchmal, wenn ich in den Spiegel schaue. Sehe seinen grossen Römerkopf und seine Gesichtszüge, die wie Schablonen über den meinen liegen. Sehe das volle, kräftige Haar, schon früh ergraut, lang getragen und nach hinten gekämmt, wo es in grosser Unordnung nach allen Seiten absteht.

Dann rasieren wir uns, nass, mit Schaum und Klinge. Dazu tragen wir ein verwaschenes weisses Unterhemd, das über dem Bauch spannt und dessen Träger mal über die linke, mal über die rechte Schulter rutschen. Als Kind bin ich oft hinter meinem Vater gestanden, wenn er sich rasiert hat. Rasieren schien eine hohe Kunst zu sein, die zu erlernen ich kaum erwarten konnte. Ein Ritual, dem ich mit grosser Achtung beiwohnte.

Überhaupt wollte ich so vieles meinem Vater gleichtun. Ich wollte zeichnen und malen und schreiben können wie er. Ich würde auch Künstler werden, habe ich mir damals gedacht. Ich wollte so sein wie er. Und bin es heute auch dort, wo ich es gar nicht sein will. Dann lehne ich mich auf, möchte anders, möchte ganz ich sein. Aber wie wäre ich denn, wenn ich so wäre, wie ich denke, dass ich bin? Ich finde keine Antwort darauf.

Du bist wie er, sagen die Leute dann wieder, die meinen Vater gekannt haben, wenn sie bei mir zu Besuch sind und sich durch die vielen Stapel aus Büchern und Zeitschriften und Schallplatten gekämpft haben. Wenn sie sich an den Esstisch setzen, den ich eben noch hastig freigeschaufelt und ihnen ein Glas Wein hingestellt habe, dazu eine Serviette und Besteck und neben meinem Lieblingsbuch eine Schale mit Parmesan.

Dann essen wir inmitten dieser Unordnung, wie ich damals mit meinem Vater in seiner kleinen Wohnung, die immer enger und unbegehbarer wurde mit jeder Zeitung, die er las und aufbewahrte und überhaupt mit allem, was er nach Hause schleppte und ihm lieb geworden war. Tut das dann mal nicht weg, hat er immer gesagt.

Sein Wunsch blieb weitgehend unerfüllt. Als er ins Heim musste, haben wir vor der Masse kapituliert und vieles weggeworfen. Mit seinem Besitz ist bald darauf auch er gestorben. Nicht mehr all seine Schätze um sich zu haben und in einem kahlen und aufgeräumten Zimmer dahinsiechen zu müssen, hat ihn umgebracht, fast mehr noch als die fortschreitende Krankheit.

Mein Vater war ein manischer Aufbewahrer, ein Messie, wie man heute sagt. Jedes noch so kleine Ding war ihm wichtig, alles hatte seine Bedeutung, alles seinen Sinn. Selbst die Essensreste, die ich manchmal zwischen seinen Stapeln fand, wenn er mich nach seiner Lesebrille suchen liess oder ich ihm die seltene Erlaubnis abringen konnte, ein wenig Ordnung in sein Chaos zu bringen oder vielleicht mal das Bett frisch zu beziehen, das seit meinem letzten Besuch wieder mit alten Zeitungen, Einkäufen, Kleidern und ungeöffneter Post zugemüllt war.

Ich war einer der Letzten, dem die grosse Ehre zufiel, Einlass in die Wohnung meines Vaters zu erhalten. Vor allen anderen hat er sich am Ende geschämt. Wenn die Verwaltung Besuch ankündigte, geriet er in Panik, wenn die Türklingel läutete, öffnete er nicht mehr. Was für ihn ein grosser Reichtum war, sein Leben schlechthin, würden alle anderen nur noch als Dreck sehen. Weil ich das anders sah, durfte ich sein letzter Gast sein.

Ein letztes Mal noch bevor das Räumungskommando anrückte, durfte ich mir aus seiner gigantischen Fundgrube kleine Schätze aussuchen und mit nach Hause nehmen, Erinnerungsstücke für die Nachwelt erhalten, sie nun meinerseits bei mir horten, neben meiner eigenen Sammlung, die wiederum meine Kinder dereinst vor eine grosse Herausforderung stellen wird, wenn ich in der klinischen Kälte eines weiss gestrichenen Pflegezimmers meinem Besitz nachtrauere, weil nun andere darüber entscheiden würden, was Unrat, was Kunst, was wertlos und was von so grossem Wert, dass es bestehen bleibt, wie vielleicht dereinst auch die Erinnerung an jemanden, der wie sein Vater war.

Domenico Vincenzo Gottardi (1964), lebt und arbeitet in Bern. Seine Leidenschaft gehört der Literatur, der Musik und dem Boxsport.

Erste Buchveröffentlichungen 1997 und 2000 im Eigenverlag, «Gestern ist lange her» (Gedichte) und «Mittendrin» (Kurzgeschichten). Das Hörbuch «Es het no Brötli, nähmet ...» (Gschichte u Anekdote über so Züüg) ist im April 2017 erschienen. Ein drittes Buch mit gesammelten Texten ist in Planung.

DIE ZAUBERFLÖTE
Lukas Hartmann

Man muss sich durchs Gedränge kämpfen. Am Eingang Nummer Vier gibt es Karten für die zweite Galerie. Es sind die billigsten Plätze. Ich habe mir vor meiner Zeitreise eine Handvoll Münzen besorgt und bezahle sieben Kreuzer für den Eintritt. Auf dem Theaterzettel lese ich: Heute Freytag, den 30. September 1791, zum ersten Male: *Die Zauberflöte. Eine grosse Oper in 2 Akten, von Emanuel Schikaneder.* Und weiter unten, viel kleiner: *Die Musik ist von Wolfgang Amade Mozart, Kapellmeister und wirklicher K.K. Hofkompositeur.* Dazu steht noch, dass er, Mozart, das Orchester heute selbst dirigieren werde.

Man sitzt eng auf den Galeriebänken des Freihaustheaters. Der Zuschauerraum, durch Wandleuchter knapp erhellt, und die Bühne sind viel kleiner, als ich mir vorgestellt habe, und doch finden hier drin ein paar Hundert Leute aus allen Schichten Platz. Ein unbeschreiblicher Lärm herrscht im Theater; die Leute auf der Galerie lachen laut, rufen sich Sottisen zu, essen und trinken. Als die Ouvertüre einsetzt, wird es zum Glück ein wenig ruhiger. Die Musik klingt unvertraut, beinahe sperrig, jedenfalls weit weniger perfekt, als ich sie in den Ohren habe. Zudem spielen bloss etwas mehr als dreissig Musiker mit. Aber wo ist Mozart? Er steht nicht vor dem Orchester, sondern an der Seite, beim Glockenspiel. Ein unscheinbarer Mann, alterslos; in keiner Weise gleicht er dem überdrehten Kindskopf aus Formans «Amadeus». Auch jetzt gelingt es mir nicht, seine Züge, die auf jedem Porträt anders wirken, genau zu erkennen; das liegt auch am schlechten Licht und an der Distanz. Der Vorhang hebt sich, die Bühne zeigt eine felsige Kulissenlandschaft, eher schäbig als imposant, dann setzt – Zu Hilfe! Zu Hilfe! – die Handlung ein. Mit stürmischem Applaus wird Schikaneder in seiner Rolle als gefiederter Papageno begrüsst.

Mozart selbst schlägt das Glockenspiel, nicht immer notengetreu, wie mir scheint. Dauernd zischt, funkelt und donnert es. Lebende Tiere bevölkern zwischendurch die Bühne, Affen, sogar zahnlose Löwen; der Gestank ist kaum noch zum Aushalten. Die Inszenierung soll ein Spektakel sein, für mich ist sie eine Aneinanderreihung von Knalleffekten. Es gibt auch Pfiffe; sie gelten Papagena, die manchen offenbar zu dick ist. Nach dem ersten Akt streitet man auf der Galerie darüber, ob die Oper ein Erfolg wird. Der Besucher neben mir, ein Kutscher, beteuert, die «Zauberzither» im Leopoldstädter Theater sei weit besser, und als ich ihn frage, wer denn die Musik dazu komponiert habe, schaut er mich verständnislos an. «Müller», antwortet ein anderer an seiner Stelle, «der berühmte Wenzel Müller.»

Nach der Aufführung versuche ich zu Mozart vorzudringen. Aber er ist bereits verschwunden.

Lukas Hartmann, (1944), geboren in Bern, nach Jahren als Lehrer auf verschiedenen Stufen, Jugendberater und Journalist nun freier Schriftsteller, wohnhaft in Spiegel bei Bern. Er schreibt für Kinder und Erwachsene.

Zuletzt veröffentlicht: «Ein passender Mieter», Roman, 2016, «Auf beiden Seiten», Roman, 2015, «Mein Dschinn», Roman für Kinder, 2014. Prix Chronos 2016, Grosser Preis von Stadt und Kanton Bern 2010, Sir Walter Scott Preis 2011.

DAS FLIMMERN DER STERNE
Hans Herrmann

Es ging gegen zwei Uhr morgens. Jörg war in der Oberstadt gewesen, zusammen mit ein paar Freunden von Wirtshaus zu Wirtshaus zuerst gezogen, später dann gestrauchelt. Das Bier hatte köstlich gemundet, edelbitter und herrlich kühl nach einem brennenden Sommertag, zusätzlich gewürzt vom Anblick angenehm leichtgeschürzter Mädchen: einer jener seltenen und kostbaren Abende, an denen in diesem schläfrigen Landstädtchen so etwas wie Lebensfreude die Gassen durchpulste.

Nun war Jörg auf dem Heimweg. Am Himmel sah er Sterne, und wenn er die Augen schloss, sah er auch welche; sie flimmerten. Er war zu Fuss, und es war auch besser so. In seinem Zustand hätte er das Auto mit einem Flugzeug verwechselt.

Beim Stadtpark machte er Halt, schlug sich in die Büsche und pisste an die hohe Mauer, die vom Park hoch und bedrohlich zur Amtsersparniskasse aufragte. Das tat er öfter, wenn er spätnachts hier vorbeikam, bierigen Druck auf der Blase verspürte und niemand in der Nähe war. Dieses Tun verschaffte ihm eine diffuse Erleichterung, die nicht allein aus der wohltuenden Entleerung der Blase resultierte; möglich, dass ihn der Frevel, solch erhabene Mauer zu bepissen, mit Genugtuung erfüllte.

Nach erledigtem Geschäft spähte er abermals kurz in die Runde, um sicherzugehen, dass ihn niemand beobachtete, und trat dann aus dem Gebüsch auf das Strässchen, das dicht am Ententeich vorbeiführte. Vielleicht fünfzig Schritte später war er beim Teich angelangt, hörte ein paar Enten halb verschlafene Warnrufe krächzen und roch den ätzenden Gestank, der dem schlecht gepflegten, kloakenartigen Ziergewässer entstieg.

Puh, hier möchte ich nicht Ente sein, dachte er und manövrierte sich leicht schwankend an der öffentlichen WC-Anlage vorbei Richtung Bahnhofquartier.

Kurz nach den Toiletten beschleunigte er den Schritt, da er hinter sich jemanden nahen hörte. Eingeholt und womöglich in einen Dialog verwickelt zu werden, lag gar nicht in seinem Sinn. Aus Angst, die Person könnte es als Kontaktversuch missdeuten, wagte er nicht, einen Blick nach hinten zu werfen. Die Schritte tönten seltsam leicht, nackt und nass.

Um nur ja nicht angesprochen zu werden, legte Jörg noch einmal einen Zahn zu. Die fremden Schritte jedoch taten ein Gleiches, kamen beharrlich näher und näher. Diese Person hatte die Absicht, Jörg einzuholen.

Jemand, der Drogen braucht, dachte er. Oder einen Zweifränkler erbetteln will. Oder einer, der unter einem alten Militärmantel nichts als Strapse trägt und das unwiderstehliche Bedürfnis verspürt, mir sein Gemächt zu zeigen. Oder vielleicht auch, mir ein Messer an die Kehle zu setzen und zu befehlen, ihm einen Finger in den Hintern zu stecken.

Ihm wurde mulmig. Klopfenden Herzens schritt er aus, als gelte es, in einer Stunde quer durch Europa zu marschieren.

Indes – die Person hinter ihm liess sich nicht abschütteln. Tripptrapp tripptrapp, schnell und immer schneller.

«He du, so wart doch», tönte es plötzlich. Es war eine Kinderstimme.

Damit hatte Jörg zuletzt gerechnet. Er erschrak dermassen, dass er davonrannte wie ein scheuendes Pferd, rannte, so schnell ihn seine Füsse trugen – und sie trugen ihn, vom Schrecken gewissermassen gedopt, schneller als jemals zuvor.

Auf dem Postplatz hielt er an, besann sich.

Feigling, dachte er. Das Kind braucht wahrscheinlich deine Hilfe, und du rennst einfach davon.

Er blickte zurück und sah weit und breit kein Kind; offenbar hatte er es längst abgehängt. Kein Wunder bei seinem Tempo! Um seinen Fehler wieder gutzumachen, ging er den Weg langsam zurück und hielt in allen Ecken und Winkeln nach dem Kind Ausschau.

Mit einem Mal, als er schon drauf und dran war, die Suche aufzugeben und die Begegnung wenigstens auf dem Polizeiposten zu melden, damit getan war, was getan werden musste, schien ihm, als sehe er ein gutes Stück entfernt einen kleinen, nur mit einer Badehose bekleideten Buben, der bei der Bäckerei um die Ecke trabte, hinauf zum Ententeich. Nach drei Sekunden war er aus Jörgs Blickfeld verschwunden.

Jörg eilte ihm nach. Beim WC-Häuschen blieb er stehen, sah sich um und rief, als er den Buben nirgends erblickte, leise, um die selig schlafende Bürgerschaft in der angrenzenden Häuserzeile nicht aufzuwecken:

«Hallo, hier bin ich. Du kannst herkommen, ich tue dir nichts. Ich helfe dir, falls du Hilfe brauchst.»

Weit und breit regte sich nichts. Nachdem Jörg noch ein paarmal ohne Erfolg gerufen hatte, überwand er seinen Ekel vor nächtlichen öffentlichen Toiletten und inspizierte zuerst das Herrenpissoir, dann die Damentoilette.

Nichts.

Hinter dem WC-Gebäude: nichts, nur ein paar leere Flaschen, über die Jörg stolperte.

In seinem Hirn glomm ein Gedanke auf, eine Möglichkeit oder besser: Unmöglichkeit, kurz und vage nur, gestaltlos und ungreifbar. Dieser irrationalen Eingebung folgend, ging er die zwanzig Schritte zum Ententeich und blickte über das eiserne Geländer auf die Wasserfläche.

Da sah er den Knaben.

Er stand, bekleidet mit einer Badehose altmodischen Schnitts, auf einem Postament mitten im Teich. Mit beiden Händen hielt er eine grosse, steil nach oben gerichtete Wasserspritze, woraus – was denn sonst – gleichmässig und ohne Unterlass eine dünne Wasserfontäne schoss und zurück in den Teich plätscherte.

Es war der Springbrunnen, der hier schon seit Jahrzehnten stand, ein in Bronze gegossener Junge mit Wasserspritze.

Jörg schloss die Augen.
Die Sterne flimmerten.

Hans Herrmann (1963), geboren, aufgewachsen und wohnhaft in Burgdorf, der Stadt im Emmental. Verheiratet, Vater zweier Söhne. Theologiestudium in Bern, dann Wechsel in den Journalismus. Zuerst Regionalredaktor bei der Berner Zeitung, heute Redaktionsleiter der Monatszeitung «reformiert».

Auch Autor von Erzählungen, Märchen, Romanen und Theaterstücken.

DIE LEICHE IM SCHNEE
Himmelberger / Marretta

«Wir müssen noch ins Amtshaus. Marco Streuli kommt heute auf freien Fuss, hier ist die Verfügung.»

Kommissarin Katharina Tanner hält ihrem Assistenten Beppe Volpe das Papier unter die Nase.

«Ist das nicht der Mann, den wir vor zwei Wochen eingebuchtet haben? Warum kommt der schon wieder frei?»

«Weil seine Schuld noch nicht bewiesen ist. Wir müssen zuerst die Gerichtsverhandlung abwarten. Vielleicht hat er mit dem Diebstahl an der Tankstelle gar nichts zu tun.»

«Aber wir wissen von einem Zeugen, dass sich Marco Streuli zur Tatzeit dort befand.»

«Ja schon, aber wir können ihm noch nicht beweisen, dass er das Geld gestohlen hat. Es ist spurlos verschwunden, und Fingerabdrücke gibt es auch keine. Die Kassiererin kann sich nur vage an die drei Männer erinnern, die sich ihr von hinten näherten. Dann wurde sie niedergeschlagen.»

«Leider hat sie hinten kein drittes Auge, sonst wüssten wir jetzt Bescheid. Was kann man denn auf der Videoüberwachung sehen?»

«Die Profi-Bande hat sie vor der Tat ausgeschaltet.»

Katharina Tanner und Beppe Volpe gehen den kurzen Weg vom Polizeikommissariat zum Amtshaus zu Fuss. Per Verfügung wird Marco Streuli um 14 Uhr aus der Zelle entlassen. Bevor er das Gefängnis als freier Mann verlassen kann, redet Beppe ihm ins Gewissen: «Der Richter hat dir diesmal geglaubt. Aber wir werden dich von jetzt an scharf beobachten und das nächste Mal gibt es für dich kein Entrinnen mehr.»

Vor dem Amtshaus wartet die Freundin von Marco Streuli.

Sie steigen in den bereitstehenden Mitsubishi und fahren los.

Unterwegs sagt Illaria: «Unser Ferienhaus ist bestimmt ausgekühlt, seit fünf Monaten ist es unbewohnt. Wie gings dir im Knast?»

«Heiliger bin ich nicht geworden. Aber jetzt beginnt ein neues Leben».

In Grindelwald parkt Illaria den Mitsubishi vor dem Haus des Nachbarn. «Die werden heute wohl nicht kommen», sagt Marco grinsend.

Illaria nimmt den Schlüssel hervor und öffnet die Haustüre. Es riecht nach Alkohol. Sie betreten das Haus und schauen sich um. Alles scheint in Ordnung zu sein. Die Küche ist aufgeräumt, der Boden sauber und im Wohnzimmer liegen Zeitungen auf dem Holztisch.

Lachend kuscheln sie sich aufs Sofa und Marco fragt wie beiläufig: «Ist während der letzten zwei Wochen etwas Nennenswertes passiert?»

«Ja, gewiss, schau doch hier in diese Zeitungen!» Illaria deutet auf die Schlagzeilen in den beiden Tageszeitungen auf dem Tisch.

«YB gewinnt gegen GC» steht in Grossbuchstaben auf der Titelseite.

«War das nicht gestern?», fragt Marco erstaunt. «Die Sportnachrichten haben wir sogar im Gefängnis mitgekriegt. Hast du nicht vorhin gesagt, dass seit fünf Monaten niemand mehr hier war?»

«Tatsächlich, das ist ja die Zeitung von heute», sagt Illaria erschrocken. «Heute ist sicher jemand hier gewesen.»

Marco und Illaria springen vom Sofa auf und durchsuchen das ganze Haus.

Auf dem Schlafzimmerboden finden sie neben dem Bett eine ausgeleerte Schnapsflasche. Der Fleck auf dem Spannteppich ist noch feucht, ein Zeichen dafür, dass die Wohnung noch kurz vor ihrer Ankunft bewohnt war.

«So was», ruft Illaria erstaunt. «Komm wir schauen nach!»

Sie gehen nach draussen. Es schneit. Hinter dem Haus bemerken sie eine Leiter, die an der Dachterrasse lehnt.

Marco klettert hinauf. Oben angekommen sieht er zwei Schuhe aus dem Neuschnee herausragen.

«Schau mal, das ist doch Hugo Wyss», sagt er zu Illaria, die zwei Sprossen unter ihm auf der Leiter steht.

Sie wischen den Neuschnee von der Leiche und Marco pfeift leise: «Stammt das Messer nicht aus der Küche?»

«Ja», sagt Illaria. «Es ist das grosse Fleischmesser meines Vaters. Nun müssen wir aber sofort die Polizei verständigen.»

«Weisst du, wer Hugo Wyss war?», fragt Marco besorgt.

«Keine Ahnung. Ein Einwohner dieses Dorfes?»

«Nein, Hugo Wyss hat mich beim Raubüberfall auf die Tankstelle erkannt. Er hat mich bei der Polizei verpfiffen. Der Prozess soll in drei Monaten stattfinden. Und Hugo Wyss hat sich bereits als Zeuge gemeldet. Aber nun kann er nicht mehr reden.»

«Was willst du nun tun?»

«Auf keinen Fall zur Polizei gehen. Die Leiche entsorgen, das ist das Beste, was mir einfällt.»

«Ich finde, dass du die Polizei informieren solltest. Ich werde bezeugen, dass du nicht der Mörder bist.»

«Schön von dir, aber die Polizei wird dir nicht glauben. Welche Frau würde ihren Mann in so einem Fall nicht schützen.»

Als es eindunkelt, hüllen sie die Leiche in ein grosses Tuch und legen sie in den Kofferraum des Mitsubishis, den Illaria direkt vor die Haustür gefahren hat. Vorsichtig steuern sie den Wagen auf der Hauptstrasse durchs Dorf und fahren zum unteren Grindelwald-Gletscher hinauf.

Sobald sie sich vergewissert haben, dass ihnen niemand folgt und sie keiner beobachtet, hieven sie die Leiche aus dem Wagen, schleppen sie mühsam durch das steile Gelände und legen sie schliesslich am Fusse der Gletscherzunge in eine Schneemulde.

Ausser Atem kehren sie zu ihrem Ferienhaus zurück.

Erschöpft legt sich Marco aufs Bett. Illaria will die Vorhänge zuziehen, als ein Polizeiauto auf ihren Parkplatz fährt.

«Die Polizei», flüstert Illaria.

Marco schnellt hoch. «Polizei, das fehlt uns noch!»

Beppe Volpe und Katharina Tanner steigen aus dem Streifenwagen und klingeln.

«Guten Abend, dürfen wir eintreten?», fragt Katharina Tanner.

Marco sitzt niedergeschlagen am Holztisch.

«Endlich sieht man sich wieder», sagt Beppe Volpe spöttisch. «Wo ist die Leiche?»

Marco zuckt zusammen. «Welche Leiche?» stammelt er.

Erstaunt schauen ihn die beiden Polizisten an: «Hugo Wyss wurde von seiner Geliebten nach einem heftigen Streit umgebracht.

Sie hat sich eben bei der Polizei gestellt.»

Marco und Illaria schauen sich verdutzt an. Kein Wort kommt mehr aus ihrem Mund. Beppe bemerkt, dass etwas nicht stimmt.

Alle gehen zusammen auf die Terrasse. Ungläubig sagt Beppe zu Marco und Illaria: «Hugo Wyss ist wohl inzwischen aufgestanden und Ski fahren gegangen. Wisst ihr mehr darüber?»

Daniel Himmelberger (1957), lebt als Lehrer, Schriftsteller und Musiker in Bern. Präsident des Berner Schriftstellerinnen- und Schriftsteller-Vereins (BSV). Werke: Kaspar – Café des Pyrénées (Künstlerportrait): Der Strassenmörder (Krimi): Sprache Sprach Gespräch (Gedichte): Der Tod kennt keine Grenzen (Krimi), Die letzte Reise nach Palermo (Krimi). www.daniel-himmelberger.com.

Saro Marretta, siehe Seite 148.

FROSCHPOLKA
Thomas Hügli

Imne chliine Dorf het einisch e Froschfamilie imne no viu chliinere Teich glebt. Es isch zwar e chliine Teich xi, aber drfür ganz schön tief u dunku. Zudem hets unger Wasser ganz viu Pflanze gha zum Verstecke u rundume si am Ufer höchi Kanoneputzer gwachse. Im Früehlig isch es für die Kaulquappe und Froschching immer super xi zum Spiele. Es wär eigentlech für aui ganz es gmüetlechs Paradies xi, wenn da nid dr Henri xi wär. Über sis unmelodiöse Gequake het sech dr xamti Teich ufgregt, inklusiv de Änte, de Libelle und de paar Schwän.

Er het so schrecklech falsch quakt, dass schliesslech ire Volksfroschabschtimmig beschlosse worde isch, dass er dr Teich müessi verlah und erscht wieder darf zrüggcho, wenn er besser quakt oder ganz allgemein gueti Musig macht.

Trurig und mit Träne i de triefende Glubschauge isch er de amne regnerische Morge ufbroche und missmuetig i die Richtig ghüpft wo n er dr nächschti Teich vermuetet het. Gäge Abe isch er de is Nachbersdorf cho und dört het er amne Schaufenschter agschriebe xeh, dass da Musigunterricht abote wird.

Doch leider isch dr Lade gschlosse xi, es isch haut Sunntig xi. So isch dr Henri ums Hus ghüpft und het de uf dr hingere Siite e Chatz vorgfunge, wo a ihrem Rollbrett umebaschtlet het.

«Hey Chatz, weisch du, wäm das Musiggschäft davorne ghört, ig bruche dringend Xangsschtunde, süsch chan ig nüm zrügg i mi Teich. I vermisse mini Familie doch itze scho, obwouh ig ersch hüt Morge vo deheime uszoge bi.»

D Chatz luegt dr Frosch lang u intensiv aa. Dr Henri dünkts, dass d Chatz überleit, öb sie äch Luscht uf Froschschenkle heig. Sicherheitshauber isch er e Schritt zrügggschtange u het xeit: «We Du grad hungrig bisch, chumm ich süsch später no einisch!»

«Wart doch, das Gschäft isch mire Mère, viellech cha sie dir ja häufe.»

D Chatz isch mit eim Satz uf s'Garagedach gschprunge u düre zerbrochni Fäischterschiibe im erschte Stock vom Huus, wo a d Garage about isch xi, verschwunde.

Nach es paar Minute schteiht si urplötzlech wieder näbem Henri, schläckt ihres Muu u seit: «Momänt, sie chunnt grad, sie isch grad no am Müüs iimache.»

Em Henri isch di ganzi Sach irgendwie unghür worde u drum isch er nüm glich überzügt xi, öb er würklech Musigunterricht wot oder öb er nid eifach sofort vo hie sött verschwinde. Viellech gieng melodiösers Quake ou besser, wenn er sich eifach meh Müeh würd gäh. Mit chli Üebe chönnti er ja unger Umschtänd ou e Rock'n'Rou-Band gründe u aständigi Musik mache.

Plötzlech merkt er, dass sich ihm öpper vo hinge nöcheret, dr Schatte wird uf jede Fau immer grösser.

«E Frosch auso; e Frosch möcht bi mir i Xangsunterricht, das wär ja ou ds erscht Mau, dass das würd klappe!» D Chatzemuetter luegt dr Henri chli nachdenklech aa u fahrt de wiiter: «Aber warte mir mau ab, d Hoffnig stirbt bekanntlech z letscht, immerhin bisch scho mau grüen.»

Sie het ihm no verzeut, dass sie d Chatzemusig scho sit Jahre füehri, aber e Frosch heb sie auso no nie gha.

«E Chueh, wo gmeint het sie müessi Liebeslieder jodle u e Chräie wo dr Tod vo ihrem Maa, wo us luuter Dummheit id Starchstromleitig gfloge isch, mitere Xangstherapie het wöue verarbeite, das si die schlimmschte Useforderige xi! Aber e Frosch, das isch de scho no einisch es angers Kaliber!»

Dr Henri het sich das lang überleit u isch sich eifach nid sicher xi, öb das für ihn würklech ds Richtige isch. Schliesslech het er sech düregrunge u het dr Chatz zeit, dass sie ja wahrschienlech recht heig u er e hoffnixslose Fall sig.

«Viellecht versuech i mis Glück gschieder i dr französische Chuchi oder im Glückspiel, aber e guete Musiker, das wird ig wahrschienlech nie.»

«Frosch, los itze mau zue, du hesch di ja scho haub entschiede, itze mach i dir es Agebot u de zeigsch du mir einisch wie schrecklich du quaksch u singsch, iiverschtande?»

Dr Henri het sech die Offerte nid zwöi Mau müesse überlege, sondern grad spontan zuexeit.

«Abgmacht, aber was isch de das für es Agebot?», het er wöue wüsse.

«Bi üs im Musigzimmer», het d Chatz agfange, «isches itze im Summer sehr heiss u mini Schüeler chöi sich chum konzentriere. Zur Hitz chömme de aber no die uliidige Flöige drzue, wo üs um d Schnurrbarthaar kreise.» D Chatz het e Pause gmacht u dr Frosch scharf agluegt. «I wett, dass du für die Viecher verantwortlech bisch u üs die während em Unterricht fernhautisch!»

«Oh sehr schön, e Ufgab wo n ig drzue darf ässe, das macht grad dopplet Spass», het dr Henri gantwortet.

Nach es paar Formalitäte isch aues abgmacht xi u dr Henri het müesse vorsinge. Sicherheitshauber het d Muetterchatz ihres Junge vorher is Huus gschickt, ds Fäischter im Musigzimmer gschlosse u sich je e Büschu Baldrian i d Ohre gschtopft. Es het nid lang brucht, bis d Chatz isch überzügt xi, dass da würklech viu Arbet uf se warted.

Dr Henri het de aber ou grad umgehend mit sire Arbet agfange u het für Ornig im Musigzimmer xorget.

Umgekehrt het d Chatz em Henri verschiedeni Klassiker vo grosse Tenör u berüehmte Chör vorgschpiut u ihm xeit woruf er z achte heig. I chliine Schritt, aber jede Tag besser als am Tag vorher, so isches mitem Henri vorwärtsgange. Nachere Wuche het d Chatz ihm xeit, dass er itze sowiit sig, dass sie ihn wieder i Teich zu de angere Frösch zrüggschicki.

Nacheme letschte Rundgang dür s Musigzimmer het sich dr Henri vo dr Chatzefamilie verabschiedet u ufe Weg zrügg i si

Teich gmacht. Wo n er ir Nächi isch xi, het er agfange mit «Aui mini Äntli» u mitem bekannte «Es ist ein Frosch entsprungen». Sini Froschkollege, d Änte, d Libelle, d Schwän u sogar es paar Huubetaucherli si nächer cho luege, wer da so wundervoui Musig macht.

Vo dem Moment a, isch es ke Frag meh xi, wer am Morge dr Teich darf wecke u am Abe «I ghöre es Fröschli» singt.

Thomas Hügli (1967) geboren in Luzern, aufgewachsen in Amriswil (TG), seit 1989 in Bern, arbeitet in der Informatik. Seit Jahren weist er auf den vom Aussterben bedrohten Buchstaben «x» hin, den er deshalb in Mundarttexten konsequent unterstützt.

Veröffentlichungen: Kahraman – Berner Kampfhasenkrimis, ewiPOS Verlag 2008; Gertrude und das Geburtstagsfest (Hochdeutsch / Berndeutsch), ewiPOS Verlag 2015. www.ewipos.ch.

FLIEGER STÖREN LANGSCHLÄFER
Sabine Hunziker

Immer wenn ich den mürben Teig eines chinesischen Glückskeks breche, dann steht da auf dem Zettel: «Machen Sie nicht die gleichen Fehler.» Ich habe nicht gewusst, dass Männer weinen können. Silbrige Spuren von Tränen ziehen sich über Abels Gesicht und versickern in seinen Bartstoppeln. Abel sitzt mit seinen ausgelatschten Schuhen auf meiner Couch. Das lange Haar fällt wie ein sprudelnder Wasserfall herunter. Mit beiden Händen hat er eine Flasche umklammert. Fast jedes seiner Kleidungsstücke hat irgendwo ein Loch in der Grösse des Bodens eines Longdrinkglases. Als Hosen, Hemden oder Anzug noch in der Auslage eines Kaufladens gehangen haben, waren alle Stücke mit einem Magnetknopf gesichert gewesen. Man muss diese Knöpfe nur mit einer kleinen Schere rausschneiden im Umkleideraum, die Stücke in einem Rucksack verstauen und rausstolzieren, um sie zu besitzen. Dies ist Abels Seite als Zauberkünstler und er hat noch viel mehr Tricks drauf. Der Staat und die Welt sind selber schuld, wenn sie Abel exmatrikuliert haben: Man darf die Intelligenz nicht reizen. Abels magerer Körper – ohne viel sinnliches Drumherum – ist sehr, sehr zerbrechlich. Trotzdem scheint sich in seinem Kopf eine Maschine zu befinden, die ohne Ende produziert. Die Erträge dieser Produktion werden eines Tages in seine ausgestreckten Arme fallen und mit einem leichten Schimmer darauf daliegen. Als das Bier leer ist, lässt Abel die Flasche stehen und fällt nach wenigen Schritten auf die Laken meines Bettes, das in der Mitte des Raumes steht. Abel versteckt sich unter der Decke, sodass man nichts mehr von ihm sehen kann. Bei allzu ungünstigen Lebensbedingungen haben bestimmte Organismen eine Lösung parat: Sie treten in eine verlangsamte Lebensphase ein. Das heisst, sie schlafen bis zum Anbruch besserer Zeiten. Agnes, gegen das Polster der Couch gelehnt, steckt sich eine Kippe an. Bald ist mein kleines Zuhause mit Rauch gefüllt. Dass Agnes sich überhaupt hier befindet, ist Abels Schuld. «Mich interessiert die Liebe», hatte Abel noch gesagt, «die freie Liebe.» Sexuelle Revolution – darunter habe ich mir aber immer etwas Anderes vorgestellt, als ich in den Geschichtsbüchern der 68er dazu nachgeschlagen hatte. Aber sicher nichts irgendwo versteckt, im Bett von Kolleginnen oder im Park, um am Morgen mit einem von der Lüge verschmierten Gesicht in der Wohnung aufzutauchen. Warum hat man wohl am meisten Beziehungen, wenn man selber in einer Beziehung ist? Ohne jetzt den christlichen Moralfinger weit in die Luft hochstrecken zu wollen: «Na gut, machen wir freie Liebe», habe ich zu Abel gesagt, «du musst nicht meinetwegen lügen müssen.» Dass ich nicht für die freie Liebe geschaffen bin, wurde mir aber dann erst später klar: denn, wenn ich mal etwas gefunden habe, dann will ich es auch behalten.

Auszug aus «Flieger stören Langschläfer» (Seite 27 – 29); Septime Verlag.

Sabine Hunziker (1980), geboren in Bern. Sie studierte Soziologie an der Universität Freiburg (Schweiz) sowie Erziehungswissenschaft an der Universität Bern. Sie arbeitet als Autorin und freie Journalistin und schreibt an mehreren Textprojekten.

«Flieger stören Langschläfer» ist ihr Romandebüt.

SCHWEBUJU
Kurt Hutterli

Als Bollwerk gegen den Schund wurde der «Schweizerische Bund für Jugendliteratur (Schwebuju) gegründet. Ihm waren auch die ab 1951 erscheinenden Walt-Disney-Heftchen mit ihrer «kinderschädigenden Päng-Päng-Sprache» ein Dorn im Auge. Unter dem Einfluss meines Dritt- und Viertklasslehrers trat meine Mutter dieser Kampforganisation bei. Ihre Ausbildung als Buchhändlerin, ihre Freude am Lesen, ihre eigene umfangreiche Bibliothek und ihre Kontakte und Freundschaften mit Schriftstellerinnen und Schriftstellern machten sie zu einem idealen Mitglied.

Donald Duck ist gut zehn Jahre älter als ich. Im Zeichentrickfilm «The Wise Little Hen» erblickt er, allerdings erst in einer Nebenrolle, das Licht der Film- und Comic-Welt. Doch schon bald wird er zu einem ernstzunehmenden Rivalen für den braven Mickey Mouse, der, zu Walt Disneys Glück, schon sechs Jahre vor Donald auf den Plan trat. Disney war nämlich fast pleite, als ihm die Erfolgsfigur auf einer Bahnfahrt einfiel: «Ich musste irgend etwas unternehmen... irgendwo im Hinterkopf hatte ich da eine Maus.» Er wollte sie «Mortimer» nennen. Ehefrau Lillian fand das zu pompös und schlug «Mickey» vor.

In Entenhausen kann man in jedem Alter geboren werden. Der unendlich reiche Onkel und Geizkragen Dagobert *(«Für meine Haut gibt es nichts Besseres als ein Goldbad!»)* wird erst dreizehn Jahre nach seinem Neffen und nie aufgebenden Versager Donald *(«Huch! Urgs! Ächz! Würg! Seufz! Stöhn!»)* geboren und ist damit drei Jahre jünger als ich. Die Panzerknackerbande *(«Diesmal klappt's hundertprozentig! Hihi!»)* tritt erst in Aktion, als ich schon in der ersten Klasse bin. Als der Erfinder Daniel Düsentrieb *(«Drum erfinde, wem Erfund gegeben!»)* mit seinem glühbirnenförmigen Helferchen die Arbeit aufnimmt *(«Bumm! Hurraa! Es funktioniert!»)*, bin ich schon ein Zweitklässler.

Mit dieser kinderschädigenden Päng-Päng-Sprache also verdarb die Übersetzerin und Chefredaktorin der deutschsprachigen Mickey-Maus-Hefte, Dr. Erika Fuchs – sie hatte nicht als Philologin, sondern als Archäologin doktoriert – von 1951 an sprachlich Generationen von Leserinnen und Lesern: Rumpelpolterkrachrumsbumszischplingpatschwuschschwupsklickknuffzackpeng-kawumms!

Ich war als Leser vom ersten Heft an mit dabei. Auf dem Heimweg vom Zehendermätteli erbettelte ich es von meiner Mutter am Kiosk der Bahnstation Felsenau.

Wenn ich mir als Schriftsteller eine Erinnerungstafel wünschen dürfte und der Kiosk immer noch stünde, hätte ich einen Vorschlag für die Inschrift:

HIER SPRANG MELANIE HUTTERLI-WYBRECHT, AUSGEBILDETE BUCHHÄNDLERIN, AKTIVES MITGLIED DES SCHWEIZERISCHEN BUNDES FÜR JUGENDLITERATUR (SCHWEBUJU), KÄMPFERIN GEGEN SCHUND UND FÜR WERTVOLLE KINDER- UND JUGENDLITERATUR, ÜBER IHREN EIGENEN SCHATTEN UND KAUFTE IHREM SOHN IM JAHR 1951, STOLZ DARAUF, DASS ER SCHON SO GUT BUCHSTABIEREN KONNTE, DAS ERSTE DEUTSCHSPRACHIGE MICKEY-MAUS-HEFT.

Den Gedichten in den Schullesebüchern mit ihren frischbetauten Zweigen, singenden Nachtigallen, schlagenden Finken und im Sturm zerschellenden Waldeswipfeln war es zu verdanken, dass ich als Jungdichter nicht ins verderbliche Fahrwasser der Mickey-Heftchen geriet, wo Daniel Düsentrieb nach einem geglückten Experiment *«Dem Ingenieur ist nichts zu schwör»* sang und Donalds Neffen Tick, Trick und Track gegen ihren Onkel rebellierten: «*Wir pfeifen auf Pomade und Seife, Kamm und Schwamm und bleiben lieber dreckig und wälzen uns im Schlamm.*»

So handelte 1953 in der dritten Klasse mein Gedicht «Grosses Geheimnis» nicht von Dreck und Schlamm, sondern von einem kristallklaren Bach mit munter plaudernden Wellchen.

Aus «Meine mitgebrachte Kindheit» (in Arbeit).

Kurt Hutterli (1944), geboren in Bern, lebt seit 1996 als Schriftsteller und Künstler mit seiner Frau Marianne im Südwesten von Kanada. Er ist schweizerisch-kanadischer Doppelbürger.

2013 erschien seine Erzählung «Wenn der Weingott nach Aurora kommt». 2016 zeigte die Public Art Gallery von Penticton, British Columbia, seine Ausstellung «The Museum of Unknown Civilizations».

GEDICHTE
Jost Imbach

EINSÄTZE

Einsatz

Am besten ist's,
Sie lesen einen,
und schon wissen's,
was wir meinen.

Bern, 1. Dezember 2005

Der Satz

Ich lass den Satz erst stehen,
wenn er sitzt.

Köniz, 25. Januar 2005

Gegensatz

Der Mensch vorübertreibt,
der Satz für immer bleibt.

Basel–Olten 17. März 2005

Weinsatz

Bei einer schweren Flasche Wein
stellt sich den Gästen von allein
die Frage nach Sinn und Sein ein.

Brig–Bern, 20. Januar 2005 und
Wien, 10. März 2009

Leben

Leben heisst …
… eben.

Köniz, 20. Februar 2006

Im Zug

Im Wagen geh'n Leute hin und her,
richten sich ein, da und dort,
der Zug hält an oder fährt fort,
Menschen hin oder her.

Bern–Bütschwil, 6. März 2005

HUMORISTICA

Eine Beiz

Eine Beiz
ohne Reiz
ist wie ein Bier
ohne Schaum
wie ein Schlaf
ohne Traum
wie ein Wald
ohne Tier
wie ein Zoo
ohne Baum
mit einem Wort
und das gilt hier
und es gilt dort:
an diesem Ort
ein letzter Schluck
und nichts wie fort.

Bern, 8. November 2005 und Wien, 15. März 2009

Der Kuss
(Kriminalkabinettroman nach Vladimir Nuss, einem Russ)

Kuss.
Muss.
Stuss.
Schluss.
Schuss.
Fluss.

Wien, 1. April 2011

Schreiben

Schreiben
Mehr schreiben
Nicht mehr schreiben
Morgen nicht mehr schreiben
Heute Morgen nicht mehr schreiben
Nur heute Morgen nicht mehr schreiben
Schreiben nur heute Morgen nicht mehr
Schreiben nur heute Morgen nicht
Schreiben nur heute Morgen
Schreiben nur heute
Schreiben nur
Schreiben

Köniz, 20. Februar 2006

Wieder heller die Tage

Die Sonne wieder
 höher
die Strahlen wieder
 länger
die Tage wieder
 heller
die Herzen wieder
 schneller
die Freude wieder
 heiter
die Küsse und so
 weiter ...

Kufstein (Bern–Wien), 2. März 2009

Jost Imbach (1947), lebt und arbeitet in Bern-Köniz und Wien. Aufgewachsen in Zürich und Luzern, Studium der Philosophie in Paris, mehrjährige Lehrtätigkeit an der Kantonsschule Luzern-Reussbühl.

Seit 1984 in Bern freischaffend tätig als Herausgeber, Autor, Literatur- und Kunstkritiker für den «Bund» u. a. Schweizer Presseorgane. 2002 veröffentlichte er den Roman «Inselglück – Rousseau auf St. Peter»; Zytglogge Verlag.

POISSONNIER
Vladislav Jaros

Poissonnier wusste, dass es in der Normandie harte Winter geben kann, Winter mit eiskaltem Wind, der vom Ozean herkommt und die feuchte Kälte in die Knochen treibt. Doch dieser Dezember schlug alle Rekorde. Die Wellen brachen am Strand und auf dem Sand bildete sich eine Eisschicht. Auf den Dächern des Fischerstädtchens lag Schnee.

Gebeugt schlurfte Poissonnier durch die menschenleeren Gassen. Es wurde gemunkelt, er sei einmal ein guter Fischer gewesen, bis zu dem Tag, an dem seine Frau bei der Geburt des ersten Kindes starb. Das Kind überlebte seine Mutter nur um ein paar Tage. Nach dem Begräbnis schloss sich Poissonnier in seinem verwitterten Häuschen ein und liess sich nicht mehr blicken. Er ging nicht mehr fischen. Mit der Zeit konnte er seine Rechnungen nicht mehr bezahlen und musste zuerst sein Häuschen und später auch das Fischerboot, auf dem er noch eine Zeitlang gewohnt hatte, verkaufen.

Fortan sah man ihn in den Gassen ziellos herumschlendern oder auf dem Strand stehen und mit leeren Augen aufs Meer hinausschauen. Einige Fischer versuchten mit ihm zu reden, aber er ignorierte sie. Es schien, als habe er mit dem Verlust seiner Frau nicht nur die Sprache, sondern auch den Verstand verloren. Ab und zu steckten ihm die Leute ein paar Münzen zu, damit er sich etwas kaufen konnte. Keiner wusste, wo der Alte übernachtete und wovon er lebte, aber es schien auch niemanden wirklich zu interessierten.

Manchmal sah man ihn vor dem «Ancre d'Or» stehen. Depardieu, dem das Restaurant gehörte, spendete ihm gelegentlich ein Glas Wein. Der Alte bedankte sich nie. Er nickte nur und das war's. Depardieu erwartete keine Dankbarkeit, er kannte Poissonniers Geschichte seit seiner Kindheit. An manchen Sommerabenden, wenn er tagsüber mit den Touristen ein gutes Geschäft gemacht hatte, schenkte er Poissonnier eine Flasche Wein, einmal aus Versehen sogar eine aus dem Weingut *Les Arpents du Soleil* in Saint-Pierre-sur-Dives. Als die Leute den Alten mit der Flasche in der Hand sahen, schmunzelten sie und dachten, dass es Poissonnier recht gut gehen müsse, wenn er sich eine Flasche Wein solcher Qualität leisten könne.

Man gewöhnte sich an Poissonnier. Er gehörte zum Fischerstädtchen wie die streunenden Katzen, das Möwengeschrei und die nach Salz und verwesten Algen riechende Brise. Mit der Zeit wurde Poissonnier kaum noch wahrgenommen. Ohne zu klagen oder jemanden zu belästigen, lebte Poissonnier in den Tag hinein. Er sah die Sonne untergehen und den Mond aufgehen, das Spiel der Wolken mit dem Wind, er hörte die Klagen der Brandung und schwieg.

An diesem Dezemberabend fror Poissonnier wie nie zuvor. Er ging von einem Ende des Fischerstädtchens zum anderen um den Körper durch die Bewegung warm zu halten. Ein starker Wind blies vom Ozean her und man konnte die Brandung in allen Winkeln des Städtchens lauter hören als sonst. Poissonnier suchte Schutz zwischen den Häusern, doch der Wind fegte ungehindert durch die Gassen. Hinter den schwach beleuchteten Fenstern sah Poissonnier Fischerfamilien, die mit Genuss die frischen *Huitres* mit Zitrone beträufelten, schlürften und mit weissem Wein hinunterspülten. In der Luft lag der Duft frisch gekochter *Soupe poisson dieppoise*. Einem Schatten gleich schlich Poissonnier an den Häusern vorbei. Erst als die Kirchturmuhr zehn schlug, überwand er sich und klopfte bei Depardieu an. Er hörte, wie die fröhlichen Kinderstimmen mit einem Schlag verstummten. Depardieu erschien in der Türöffnung.

«Was ist los, Poissonnier? Heute ist Ruhetag, das Restaurant ist geschlossen.» Mit dem Finger zeigte er auf ein Blatt Papier, das an der Tür angeheftet war. «Da steht es schwarz auf weiss: ÜBER WEIHNACHTEN GESCHLOSSEN.»

Poissonnier stand vor ihm wie ein Häufchen Elend und schwieg. Depardieu musterte ihn kurz, dann bat er ihn einen Augenblick zu warten und verschwand im Haus. Er kam zurück mit einer Flasche Calvados und einer Trockenwurst.

«Lass es dir schmecken, Poissonnier», sagte er und klopfte dem Alten auf die Schulter. Dann schloss er hinter sich die Haustür.

Mit der Flasche in einer Hand und der Wurst in der anderen stand Poissonnier noch eine Weile vor Depardieus Haus. Erst nach einigen Minuten ging er weiter.

Mit den Händen in den Taschen stand Depardieu am Fenster und sah ihm nach bis ihn die Dunkelheit verschluckte.

«Wer war das?» fragte Depardieus Frau, als er sich wieder an den Tisch setzte. Die Kinder hingen an seinen Lippen.

«Der alte Poissonnier», sagte Depardieu.

Sie schüttelte den Kopf.

«Wie merkwürdig, das hat er noch nie gemacht ...»

«Es hat mich auch überrascht», sagte Depardieu. «Ich frage mich, was in den Alten gefahren ist. Sonst ist er zu scheu um irgendwo anzuklopfen.»

«Warum hast du ihn nicht hereingelassen?» fragte sie. «Er hätte sich bei uns etwas aufwärmen können.»

«Bist du verrückt geworden? Der Kerl hat sich seit einer Ewigkeit nicht mehr gewaschen und stinkt wie eine Jauchegrube. Da würde uns der Appetit schnell vergehen.»

Depardieus Frau sagte kein Wort mehr. Sie schnitt den Dessertkuchen in fünf gleich grosse Stücke und verteilte sie an die Kinder, die sich sofort darauf stürzten wie Möwen auf Fischereiabfälle.

Poissonnier verschwand aus dem Städtchen. Keiner konnte sich erklären, wo er stecken mochte. Erst einige Tage später fanden ihn Kinder, die am Strand spielten, hinter einer Düne. Steif gefroren lag Poissonnier auf dem vereisten Sand. In der Hand hielt er eine Flasche, in der ein kleiner Rest Calvados im Tageslicht bernsteinfarben leuchtete. Auf seinen Lippen lag ein Lächeln, über das im Fischerstädtchen noch lange gerätselt wurde.

Vladislav Jaros, geboren in Karlsbad (Tschechische Republik). Nach der Matura Musik- und Kompositionsstudium. Lebt und arbeitet als freier Komponist, Interpret und Schriftsteller in der Schweiz.

Uraufführungen seiner Werke im In- und Ausland. Romane: «Aufzeichnungen eines Entwurzelten», 1994 AutorInnenverlag Bern, «Provenzalisches Requiem», 1999, Edition MOSAIC Wien. «Australische Winterreise», 2002, Kurzgeschichten, Essays und Märchen in Anthologien.

SPRICHWORTE
Els Jegen

Was ist,
wenn Dreck
unter Teppich gekehrt
Maden lockt?
und diese da unten eröffnen, eignes Reich zu schöpfen,
sie da leben, sich vermehren,
auf bis, dass sie beginnen,
den Teppich
zu fressen?
nicht dran sinnend,
dass sie ihr eigenes Dach über Kopf verschlingen,
und vergessend,
dass nun wohl der Tod sie hole
durch Giftgespritze
und Auslagerung:

Selbst wenn Volksmund spricht:
Zeit
heile alle Wunden,
so stimmt das nicht.
Denn sollt' ich im Innern
zu lange und zu viel unter
den Teppich kehren,
verwandelt die Zeit
oh je, arg! –
den Eichbaum vor der Zeit
in einen Sarg.

Sagt man:
ein Teppich gebe warm …
ist zwar wahr, jedoch
anders geschaut,
wenn ich unter ihn kehre und Scheinsein verehre,
macht er mich
arm.

Wer lange schweigt, wird lange für klug gehalten.

Hab Seligkeiten

wie z. B.
hab Fledermäuse im Bauch
oder Schmetterlinge
hab wie du willst
hab Freude
hab Freunde
hab Gäste
hab Geld
hab RückSicht
hab VorSicht
hab NachSicht
hab MitSicht
hab LiebSicht
hab liebmich
hab liebdich
hab zeitlich
hab endlich
hab wirklich
in dir
sei.

Wenn du das Zeitliche segnest
lässt du die Habe zurück.

Schweigen ist Gold.

———————

Els Jegen, geboren in Klosters, lebt in Basel.

Veröffentlichungen: Hörbuch «Über den Wassern träumen»; Texte in verschiedenen Anthologien, Kurzfilme von einzelnen Hörgedichten gezeigt im Kino Kunstmuseum Bern und in der Reithalle Bern. www.els-jegen.ch.

KÖNIG FAHD HINTERLÄSST NUR ZWEI STUTZ
Thomas Kowa

«Hesch mir ä Stutz?» Mit diesen Worten heisst mich mein persönliches Begrüssungskomitee in der Hauptstadt der Schweiz willkommen. Die Herren und Damen stehen direkt vor dem Bahnhof, und ihre Erscheinung mit zotteligen Haaren und ebenso zotteligen Zigaretten lässt nur zwei mögliche Schlüsse zu: Erstens, Jean-Paul Gaultier führt gerade seine neue Kollektion vor. Oder zweitens – und das erscheint mir angesichts des aufgelegten, respektive nicht aufgelegten Parfums wahrscheinlicher – es handelt sich hier um eine Personengruppe, die das Leben eines abgehalfterten Rockstars lebt, ohne jemals Rockstar, geschweige denn Rocksternchen, gewesen zu sein.

Leider bin ich bei der Beurteilung der Situation ausschliesslich auf meine visuellen, olfaktorischen und taktilen Sinne angewiesen, da ich die an mich gerichtete Frage «Hesch mir ä Stutz?» ganz einfach nicht verstehe. Doch wozu braucht man ein Gehirn, wenn man Wikipedia hat? Also nehme ich mein Mobiltelefon und schaue nach, was ein «Stutz» ist. Kurz darauf weiss ich, dass es sich dabei um ein Modell des, unterdessen bankrotten, amerikanischen Autoherstellers «Stutz Motor Car» handelt.

Die Firma war bekannt für ihre luxuriösen Autos. Selbst Elvis Presley fuhr einen Stutz. Und der war tatsächlich mal ein Rockstar.

Sucht mein Begrüssungskomitee etwa eine Mitfahrgelegenheit in einem Oldtimer namens «Stutz» – obwohl ich, aus dem Bahnhof kommend, offensichtlich mit dem Zug angereist bin? Ich verstehe immer noch eben diesen Bahnhof und aktiviere meinen gesamten weltbürgerlichen Sprachschatz in der universellen Entgegnung auf nicht verstandene Fragen: «Hä?»

Das versteht zumindest einer aus meinem Begrüssungskomitee, er wendet sich von mir ab, während er zu seinen Kollegen sagt:

«Scho wider so nä Gummihals». Ich vermute, dass dies eher abwertend gemeint ist und frage sicherheitshalber nicht nach. Vermutlich handelt es sich hierbei um ein Schimpfwort für alle stutzlosen Mitbürger und Nichtmitbürger, also alle ausser Elvis Presley und Omar Bongo. Ja, letzterer hat laut Wikipedia auch einen Stutz gefahren.

Omar Bongo war immerhin König, und obwohl es ein toller Reim wäre, handelt es sich bei Omar Bongo nicht um den König von Kongo. Stattdessen war er König von Gabun und das ergibt nicht einmal einen Schüttelreim.

Dafür stammt Mr. Bongo aus Bongoville, doch das war ein billiger Trick, da er die Stadt einfach nach sich selbst benannt hat.

Mein Begrüssungskomitee erzählt irgendetwas von einer Reithalle, in die sie gehen wollen und ich folge ihnen, denn wenn dort selbst Pferde in eigenen Hallen logieren, muss es sich um eine besonders edle Gegend handeln.

Auf dem Parkplatz vor der Reithalle erkennt mein geschultes Auge sofort ein weiteres Mysterium: Manche der hier absteigenden Touristen aus englischsprachigen Ländern scheinen über nur sehr limitierte Einparkfähigkeiten zu verfügen. Denn wie sonst ist es zu erklären, dass auf Parkplätzen gross wie ein Bus «car» steht, ergo, wie ich auch ohne Wikipedia weiss, englisch für «Auto»?

Vielleicht sind die Parkplätze aber auch für die vielen amerikanischen Millionäre mit ihren protzigen Stretch-Limousinen angelegt worden, die in der Schweiz Dauerurlaub von der heimischen Steuer machen und die zudem nicht rückwärts einparken können. Da ich selbiges auch nicht kann, finde ich das eine gute Idee und freue mich, in einem Land angekommen zu sein, in dem der Tourist König ist.

Apropos König. Ein weiteres Exemplar dieses selten gewordenen Berufsstands war stolzer Stutz-Besitzer: Fahd ibn Abd al-Aziz. Sie kennen den Herren nicht? Um den Nachrichtensprechern

Peinlichkeiten und den Zeitungen Druckerschwärze zu ersparen, hat man den armen Mann ein Stückchen gekürzt und König Fahd genannt. Aha, der ehemalige König von Saudi-Arabien, der sein Geld mitsamt seinem Clan einmal im Jahr in Málaga unter die Leute brachte. Wenn der Herr König gewusst hätte, dass er in der Schweiz seinen Stutz auf einem eigenen Parkplatz hätte abstellen können, hätte er sein Geld sicherlich gleich hier ausgegeben, anstatt es bloss in den hiesigen Tresoren anzulegen.

Leider kann ich ihm den Ratschlag nicht mehr ans Herz legen, denn es schlägt nicht mehr. Bei Wikipedia erfahre ich noch, dass König Fahd ein ausgefülltes Leben geführt hatte, denn er nannte acht Söhne, sechs Töchter und vier Ehefrauen sein Eigen. Bedauerlicherweise hinterliess er jedoch nur zwei Stutz, was sicherlich zu grösseren Erbstreitigkeiten geführt haben dürfte.

Immerhin hat sich bei all dem Nachdenken das Rätsel des Stutz-Fragens endlich gelöst: Die Stretch-Limousinen, für die diese überdimensionierten Parkplätze geschaffen wurden, sind bestimmt von der Firma Stutz. Und wenn man einen solchen besitzt, wird man von den netten Fragenden zu den Parkplätzen eskortiert, damit man nicht mit der Stretch-Limousine in den Altstadtgassen herumirrt.

Zufrieden gehe ich meines Weges und beglückwünsche mich zu meinen Erkenntnissen. Doch dann fällt mir auf, dass auf einem dieser mit «car» beschrifteten Parkplätze ein Reisebus steht. Ich schaue auf das Kennzeichen und muss zu meiner Beschämung feststellen, dass es ein deutsches ist: Die Herren Landsleute haben sich wohl vor ihrer Reise nicht mit den lokalen Gepflogenheiten vertraut gemacht.

Pflichtbewusst erkläre ich dem Busfahrer, dass er hier falsch parkiert, doch er behauptet, ich hätte keine Ahnung. Kopfschüttelnd wende ich mich ab. Wenn man schon in ein fremdes Land kommt, sollte man doch dessen Sprache verstehen! «Bei mir hat es doch auch geklappt», denke ich stolz und freue mich auf die Party, derentwegen ich nach Bern gekommen bin. Von deren Ankündigung brauchte ich nur zwei Worte zu verstehen und da wusste ich sofort, was geboten wird: «Huere geil!»

Das muss ich sicher nicht übersetzen, oder?

Thomas Kowa, geboren in Deutschland, er ist Autor, Poetry-Slammer, Musikproduzent, manchmal Weltreisender und Mitglied der Schweizer Fussballnationalmannschaft der Autoren. Während in seinen Thrillern fleissig gestorben werden darf, schafft er es in seinen Kurzkrimis, meist ohne eine Leiche auszukommen.

Thriller: «Das letzte Sakrament», Remexan, Redux. Humor: «Krimis fast ohne Mord», «Mein Leben mit Anna von Ikea».

ALLES PELATI
Peter Krebs

Sie ist schön, intelligent, tüchtig und war gestern bei mir zum Nachtessen eingeladen. Pizza, dachte ich, da kann nichts schief gehen. Dazu Salat, Wein. Eis zum Dessert, Cognac nach dem Kaffee. Einkaufen im Grossverteiler. Für mich ein Horror, denn ich wähle immer die falsche Kasse. Nicht, dass ich das möchte. Ich bin ungeduldig. Warten ist mir ein Gräuel. Dennoch bin ich Weltmeister im Falschanstehen. Gestern hatten die Schlangen ex-polnische Ausmasse. Umso wichtiger war es, sich für die richtige zu entscheiden.

Die kürzeste muss nicht die schnellste Schlange sein. Die Länge ist bloss ein Anhaltspunkt, aber keine Garantie fürs Kassenglück. Ebenso entscheidend sind Anzahl und Art der anstehenden Zahlungsvorgänge sowie der Konsumgüter, die in Wagen und Körben zwischengelagert werden. Nur ein geübtes Auge kann das rasch erfassen. Wenn zwei Personen gemeinsam ausharren, verlängert das die Schlange, verkürzt aber die Anstehzeit pro Schlangenmeter. Ebenfalls beschleunigend wirkt ein hoher Anteil an Körben. Mit Grosseinkäufen vollgestopfte Wagen hingegen bremsen. Auch, weil solche Besorgungen meist mit der Karte abgerechnet werden, was wertvolle Sekundenbruchteile kostet. Nach meiner Faustregel ist die Chance, dass bar bezahlt wird, umgekehrt proportional zur Beschaffungssumme. Stimmt aber nicht in jedem Fall. Ausserdem spielt das Personal eine Rolle. Man darf sich nicht täuschen lassen. Die ältesten Kassiererinnen sind manchmal die schnellsten und die hübschesten die langsamten, auch wenn sie die gefühlte Wartezeit verkürzen. Am Ende zählt allein die tatsächlich verronnene Zeit.

Unter Berücksichtigung dieser Faktoren, entscheide ich mich. Die beste Kasse befindet sich meistens am anderen Ende des Supermarkts. Da die Warteschlangen den direkten Weg versperren, eile ich auf einem Umweg durch die Regalzeilen. Elegant weiche ich Zahlungswilligen aus, deren bevorzugte Kasse in der Gegenrichtung liegt, zirkle um die Angestellten herum, die mit Wagen voller Nachschub unterwegs sind. Es gilt, im Labyrinth die Orientierung zu bewahren. Ich merke mir im Voraus, an welcher Stelle ich abzweigen muss, um zu meiner Kasse zu gelangen, ob nach den Brownies, den Zahnbürsten oder der Mayonnaise.

Gestern bog ich in die Waschmittelgasse ein. Als ich am Ziel war, hatten drei andere Wohlstandsbetroffene die gleiche Idee gehabt, zwei davon mit vollem Wagen. In der Not nahm ich die Nachbarschlange, die mir jetzt aussichtsreicher erschien. Sie war noch länger, aber der Wagen vor mir war fast leer. Der Besitzer muss ein alleinstehender Lehrer sein, mutmasste ich. Vielleicht, weil er sich für Fyrabigbrot entschieden hatte und anscheinend mit wenig Lebensmitteln auskam. Dann tauchte seine Freundin auf, mit Stössen von Bananen, Schokolade, Raclettekäse, der gerade Aktion war, Chips, Rivella. Sie teilten sich die Einkaufsarbeit. Der Lehrer wartete, sie holte die Schnäppchen. Sie verschwand mehrmals mit ihrem Korb zwischen den Auslagen, um einige Minuten später mit neuen Erzeugnissen der Konsumgüterindustrie aufzukreuzen. «Was bruche mer jetz no?» fragte sie, als ihr Caddy längst unter dem Warenberg verschwunden war. Während die hübsche Kassiererin, nicht die schnellste, ihn abzutragen begann, zog an der Kasse nebenan Kundin um Kundin vorbei wie ein Schnellzug neben dem wartenden Bummler. Die Lehrersfreundin pendelte weiter zwischen den Konsumgütergassen, den Gefriertruhen und ihrem Freund mit den Einkaufswagen. Am Ende brachte sie Lippenstift, neun Schachteln Schmelzkäse zum Preis von sechs und eine Familienpackung Kondome, für die es gerade Zusatzpunkte gab.

So geht es mir immer. Entweder bricht das Zahlungssystem zusammen, oder es hat jemand vergessen, die Birnen aus Brasilien zu wägen, manchmal auch ich selber. Endlich kam ich an die Reihe. Doch da tauchte schon die fröhliche Ablösung auf mit ihrer Kasse unter dem Arm. Der Personalwechsel dauert nur kurz, aber es gibt eben doch einen Unterbruch im Kundenfluss. Kasse ausklinken, Arbeitsfläche reinigen, ein kleiner Schwatz: die Uhr tickt unerbittlich. Nach einer gefühlten Ewigkeit hatte sich die neue Angestellte eingerichtet, waren die Waren im System erfasst, addiert und die Aktionsrabatte subtrahiert. Damit es schneller ging, bezahlte ich bar. «Heit dir d Supercard? Sammlet dir Pünkt? Weit dir ds Zedeli?» – «Nenei, nid nötig, adieu merci.»

Die Nahrungsmittel hatte ich während der Kassenprozedur in die Tasche gepackt, so dass ich losrennen konnte, kaum war ich im Besitz des Rückgelds. Draussen vor der Ladentür fiel mir ein, dass mir die Tomaten fehlten, und ohne Pelati ist punkto Pizza nichts palletti. Rechtsumkehrt. Spurt zurück ins Einkaufsparadies zum Einkaufserlebnis. Wo sind die Konserven? Wieder Kassensuche. Die Schlangen waren nicht kürzer geworden. Es kam mir vor, als spiele der Konsumtempel Eile mit Weile mit mir, wobei mich ständig Figuren überholten, die noch schneller und erfolgreicher unterwegs waren. Ich selber war gerade dabei, das Würfelspiel zu verlieren. Pech im Supermarkt, Glück in der Liebe?

Völlig ausser Atem kam ich nach Hause. Ich war nur ein paar Minuten zu spät, aber während ich die Tür aufschloss, erreichte mich die Kurzmitteilung meines Besuchs. Wenn ich schon das erste ernsthafte Date missachte, mache es keinen Sinn. Sie sei nicht der Typ, der gerne vor verschlossener Tür warte. Ich setzte mich alleine an den Küchentisch, liess die Pelati, den Mozzarella, den Salat, das ganze sauer verdiente Nachtessen fahren und fokussierte mich auf den Chianti di origine controllata e garantita. Aus dem verpassten Tête-à-tête wurde ein individueller Kummerevent, an dem ich mich mit mir selber unterhielt. Vom Charakter her hätten wir ja zusammengepasst, murmelte ich nach dem vierten Glas. Auch sie ist ungeduldig. In der Mitte des zweiten Fiasko rief ich Silvio an, der immer ein offenes Ohr hat, um ihm mitzuteilen, dass ich wieder allein sei und von vorne anfangen könne und alles nur wegen dieser saublöden Pelati, kannst du dir das vorstellen? Du musst dich einfach einmal für die Richtige entscheiden, lautete sein Rat, sonst bringst du es eh nie auf die Reihe.

Peter Krebs ist in Münsingen BE aufgewachsen und wohnt in Bern.
Er arbeitet als selbständiger Journalist, Autor und Redaktor.

Er schreibt Sachbücher, Kolumnen und Kurzgeschichten. Zuletzt ist von ihm im Verlag Anzeiger Region Bern das Wanderbuch «Berner Märsche. 20 erfreuliche Wanderungen in der Hauptstadtregion» erschienen. Es wurde mit dem Berner Oberländer Literaturpreis ausgezeichnet.

MAGDALENA
Paul Lascaux

Die Kunst des Autors besteht darin, sich so in seine Figuren hineinzuversetzen, dass sie mit ihm sprechen. Dabei erzählen sie ihm Dinge, die in keinem seiner Bücher vorkommen.

Ein Beispiel: In meinem letzten Roman «Goldstern» agiert eine Magdalena Im Ager als Tourismusfachfrau im Lötschental. Sie und alle anderen Beamten (Polizist/innen, Gemeinderäte/innen usw.) tragen die Namen von Menschen, die im Wallis des 15.–17. Jahrhunderts als Hexen oder Hexer zum Tode verurteilt und hingerichtet wurden. Es ist dies ein moderner «Graatzug», also der Zug der Armen Seelen, die den Weg ins Licht noch nicht gefunden haben.

Während der Arbeit an einem Text ist mir das Thema immer präsent, und so habe auch ich mir den Handlungsstrang (Plot) meines neuen Krimis während einer Velotrainingsfahrt über den Dentenberg (zwischen Bern und Worb) durch den Kopf gehen lassen.

Plötzlich erscheint Magdalena Im Ager und sagt, alle anderen aus dem Graatzug seien sehr zufrieden und hätten den Weg ins Licht gefunden. Nur sie selber habe noch etwas zu erledigen und brauche deshalb einen Platz in meinem neuen Roman. Sie sagte mir aber nicht, um was es sich dabei handelte. Deswegen habe ich sie im eben fertiggestellten Krimi (noch ohne Titel) beauftragt, die *Detektei Müller & Himmel* beim Thema «Astrologische Magie» zu beraten.

Eines Tages taucht sie also im «Schwarzen Kater» auf, dem Stützpunkt der Detektei. Sie erklärt, sie habe herausgefunden, dass eine Vorfahrin denselben Namen getragen habe und als Hexe hingerichtet worden sei. Deshalb habe sie sich im letzten halben

Jahr mit Magie, Hexerei und Esoterik beschäftigt. Dabei habe sie deren Prozessunterlagen in die Finger bekommen.

Jene Magdalena Im Ager hielt sich im Gantertal auf, das von Brig hinauf zum Simplon führt. Sie war eine Tochter des Hans Im Ager von Lax. Sie wurde der Hexerei verdächtigt. Am 10. Juli 1620 versammelte Anton Stockalper, der Meier von Ganter, seine Geschworenen im Haus eines Verwandten in Brig. Man beschloss, Magdalena zu verhaften, was noch am selben Abend geschah. Am anderen Tag wurde sie ‹peintlich und gewohnlich examinirt›, was heisst, protokollarischen Verfahren unterzogen und unter Folter befragt, und zwar wegen Hexerei, verschiedener Diebstähle und Ehebruch. Das musste man allerdings in Brig tun, da es in Ganter keine Folterbank gab. Man befand die Im Ager schuldig, und sie wurde zum Feuertod verurteilt. Meier Stockalper ging sofort nach Sitten, um den Henker zu holen. Aber der Bischof und die Stadt Sitten hatten sich das Recht vorbehalten, auf dem Lande gefällte Todesurteile durch ein eigenes Verfahren zu bestätigen, und sie schickten ihren Henker, Jakob Olter, nach Brig. Stockalper jedoch bestand darauf, dass ein Freigericht dem Hautport des Wallis nicht unterworfen sei, und er holte den Scharfrichter von Unterwalden, Lienhard Molch. So kam es zu einer beinahe handgreiflichen Auseinandersetzung zweier Henker in Brig.

Die Exekution wurde auf den 29. Juli angesetzt. Der Gerichtsschreiber Peter Stockalper verlas das Todesurteil, und Magdalena Im Ager wurde von Lienhard Molch zur Aeschen geführt, der gewöhnlichen Stätte des Hochgerichtes, unterhalb des Schallberges in Naters. Als ‹barmherzig› bezeichneten sie die ‹Milderung› des Urteils, indem sie Magdalena zur Abkürzung der Todesqualen ein Pfund Pulver am Hals und auf der Brust befestigten. Dann wurde der Holzstoss entzündet. Magdalenas Asche begrub man auf der Richtstätte. Die Exekution war ein Volksfest mit vielen Zuschauern. Leider hatte Magdalena eine Anna Hutter als Mittäterin und Hexe beschuldigt, sodass der Henker von Sitten sich doch noch schadlos halten und am 5. August diese Frau verbrennen konnte.»

Paul Lascaux (1955) ist das Pseudonym von Paul Ott. Er ist am Bodensee aufgewachsen und wohnt seit 1974 in Bern. Seit 30 Jahren schreibt er vor allem Kriminalromane und kriminelle Geschichten.

Seine Detektei Müller & Himmel hat soeben den 10. Fall abgeschlossen, alle erscheinen im Gmeiner Verlag, zuletzt: «Gnadenbrot» (2016), «Nelkenmörder» (2015) und «Burgunderblut» (2014)

HANNAS ENTSCHEIDUNG
Cornelia Leuenberger

Der Morgen war sonnig und klar – und Hanna hasste ihn. Sie wusste, er würde eine Entscheidung von ihr verlangen, die sie nicht fällen konnte und wollte. Eine Entscheidung über Leben oder Tod. Wäre er doch nie angebrochen, dieser Morgen des 18. Juli 2016.

Das rhythmische Piepsen der Maschine durchbrach die Stille im Zimmer. Der Ton, hoch und aufdringlich, schnitt Hanna ins Herz. Jeder Pieps brachte den Moment näher, in dem der Arzt eintreten würde – bereit, ihre Antwort entgegenzunehmen. «So hilf mir doch, Monika, gib mir ein Zeichen, irgendein Zeichen.» Hanna schrie es beinahe. Ihre Augen füllten sich mit Tränen. Alles sah noch genau so aus, wie vor zwei Stunden, wie vor vier, sechs, acht Stunden, wie am frühen Sonntagabend, als sie ins Krankenhaus geeilt war. Monika lag reglos im Bett, angeschlossen an die piepsende Maschine mit den blinkenden Monitoren. Hanna verabscheute das Ungetüm, obwohl nur dank ihm das Herz in der Brust ihrer Tochter weiter schlug, ihre Lunge nur dank ihm arbeitete. Sie verabscheute die Maschine dafür, dass sie nichts spürte, kein Gefühl hatte für all das, was sie selber durchlitt.

«Ich mache nur eine kurze Runde um den Himmelsberg, in einer Stunde bin ich wieder da.» Mit diesen Worten hatte sich Monika von Hanna verabschiedet. Es war keine 24 Stunden her. «Pass auf dich auf», hatte Hanna ihr nachgerufen, aber das hatte Monika wohl schon nicht mehr gehört. Kurz darauf dröhnte der Motor des schweren Motorrads. Dieses verfluchte Motorrad. Wie oft hatte Hanna ihre Tochter davon zu überzeugen versucht, es zu verkaufen, sich stattdessen ein schnittiges kleines Auto zuzulegen. Vergebens. Monika wollte nichts davon wissen. Hanna ängstigte sich nicht grundlos – Monikas Vater war kurz vor der Geburt seiner Tochter bei einem Motorradunfall gestorben. Und ausgerechnet seine Leidenschaft für zwei schnelle Räder hatte er ihr vererbt.

«Die Überlebenschancen ihrer Tochter sind nach menschlichem Ermessen minimal.» Der Arzt hatte mitfühlend gesprochen, an der schrecklichen Botschaft hatte das aber nichts geändert. «Und sollte ihre Tochter überleben, wird sie schwerste Behinderungen davontragen. Es tut mir leid.» Selbstverständlich müsse sie nicht gleich jetzt entscheiden, hatte er noch gesagt. «Morgen Vormittag können wir noch einmal in Ruhe über alles reden.»

«Nach menschlichem Ermessen» – das war zu wenig für Hanna. Menschen irrten sich. Auch Mediziner trafen doch immer wieder falsche Entscheidungen. Wer konnte ihr die Gewissheit geben, dass Monika nicht mehr selbständig würde leben können, dass es für sie wirklich keine Chance mehr gab? Und wer konnte wissen, wie schwer die Behinderungen sein würden, wenn sie aus dem Koma aufwachte?

Hanna ging wieder zum Fenster. In den vergangenen Stunden war sie diese kurze Strecke unzählige Male gegangen, vom Bett ans Fenster, vom Fenster ans Bett. «Wie würdest du entscheiden», fragte sie ihre Tochter. «Würdest du mich weiter leben lassen? Würdest du die Maschine abstellen?» Hanna erschrak ob der Deutlichkeit ihrer Worte. Aber darum ging es doch, nicht wahr? Eigentlich war es nicht mehr als eine kurze Manipulation an einer Maschine. An oder aus – mehr nicht. Hanna zwang sich, weiter zu denken. Aus bedeutete, dass alle Zukunftspläne, die Monika gehabt hatte, das Studium, die Reisen, die eigene Familie, für immer zerstört waren. Aus bedeutete, dass sie Monikas Lachen nie mehr hören, nie mehr mit ihr sprechen würde. Aus bedeutete, dass sie das Todesurteil über ihre Tochter sprach.

Und an? Es bedeutete, dass sie nicht von Monika Abschied nehmen musste. An bedeutete, dass die Hoffnung bestehen blieb, dass Monika aufwachen, vielleicht sogar wieder gesund werden würde. An konnte das ganz grosse Glück bedeuten. Und wenn nicht? Was, wenn die Maschine über Jahre ihren Dienst tat, sich an Monikas Zustand aber nichts änderte? Dann zwang sie ihrer Tochter ein Leben auf, das diese so nicht hätte leben wollen.

Monika war ein fröhliches, unkompliziertes Kind gewesen. Sie hatte akzeptiert, dass ihr Vater im Himmel wohnte und die einzige Verbindung zu ihm ein kleines, mit Blumen bedecktes Rechteck auf dem Friedhof war. Sie hatte gelernt, damit umzugehen, dass ihr kein väterlicher Rat zur Verfügung stand. Und so waren Hanna und Monika über die Jahre zu einem untrennbaren Gespann geworden. Sie hatten zusammen gespielt, waren in die Ferien gefahren, hatten Sport getrieben und Monikas ersten grossen Liebeskummer durchgestanden. Hanna hatte darauf geachtet, dass nichts zwischen sie und ihre Tochter kam.

Doch kurz nach ihrem 18. Geburtstag hatte sich Monika ein Motorrad gekauft, ohne vorher mir ihrer Mutter darüber gesprochen zu haben. Hanna hatte nicht verstanden, wie ihre Tochter ihr das hatte antun können. «Willst Du, dass ich noch einmal einen geliebten Menschen zu Grabe tragen muss, nur wegen eines verfluchten Motorrads?» Hanna hatte ihre Tochter angeschrien, das erste Mal überhaupt. Monika war ganz ruhig geblieben. «Nein, Mutter, das will ich nicht. Aber ich will ein eigenes Leben.» Schliesslich hatte Hanna erkannt, dass sie Monika nur würde halten können, wenn sie ihre Leidenschaft akzeptierte.

«Und was haben wir nun davon, du und ich?» fragte sie die stumme Gestalt im Bett. «Nichts, gar nichts haben wir davon.» Hanna trat wieder ans Fenster. Diesmal aber blieb sie stehen. Einem Impuls folgend öffnete sie es, sah die Blumeninseln im Park, hörte die Vögel in den Bäumen zwitschern und entdeckte einen Rotmilan, der hoch am Himmel seine Runden zog. Sanft wehte der warme Wind ins Zimmer. Hanna erkannte mit einem Mal, dass es nicht stimmte. Es war nicht so, dass Monika und sie nichts davon hatten, es war nicht so, dass es falsch gewesen war, die junge

Frau ihren Weg gehen zu lassen – im Gegenteil. Hanna drehte sich um und lächelte ihre Tochter an: «Wir haben alles richtig gemacht, du und ich», murmelte sie.

Dann trat sie in den Gang hinaus und suchte den Arzt.

Cornelia Leuenberger (1966), arbeitet seit einer Ewigkeit als Sekretärin und Redaktorin, hat ein Kinderbuch sowie mehrere Kurzkrimis in Anthologien veröffentlicht und schreibt regelmässig für das Magazin «Lebenslust Emmental».

DIE BEGEGNUNG
Teres Liechti Gertsch

Karin: Ich rufe die Nummer an, die im Inserat angegeben ist. Am Geschäft bin ich ja schon oft vorbeigekommen – attraktives Schaufenster, gute Lage im Zentrum. Es gibt drei Filialen insgesamt, eine davon in Zürich – sicher der Hauptsitz.

Arman: Die Journalistin tönt angenehm am Telefon. Weil wir mit phone & plus häufig inserieren, hat sie den Auftrag, für ihre Zeitung ein Firmenporträt von uns zu machen. Kann nie schaden, natürlich. Ich bitte sie in unser neues Büro am Stadtrand.

Karin: Also ins Industriequartier hinaus – Weitfeld C, alle diese aufstrebenden Firmen, die sich jetzt dort einmieten.

Arman: Sie ist pünktlich, schaut sich mit sichtlicher Anerkennung um, keine abgebrühte Schreiberin offenbar, sie interessiert sich für unsere Wandsprüche. «Wake up and be awesome». Findet sie gut, lacht.
Sympathisch.

Karin: Ein sehr freundlicher Empfang, lockerer, umgänglicher junger Mann, ohne irgendwelche Allüren. Spricht perfekt unseren Dialekt, dürfte aber ursprünglich aus einer anderen Ecke der Welt stammen. Sehr gut aussehend – orientalische Schönheit.
Grosszügige Räume, Glastüren, alle offen, junge Leute schauen kurz vom Computer auf und grüssen lächelnd. Im Sitzungszimmer auf dem Tisch ein Tablett mit einer schönen Wasserkaraffe – oder ob ich lieber Kaffee möge? Vollendete Gastfreundschaft.

Arman: Sie schätzt mich ab, wird bald fragen, woher ich ursprünglich stamme. Und schon ist es soweit. Aber sie macht es angenehm, keine Fremdenhasserin, und das will sie mir zeigen. Das übliche kurze Aufflackern in den Augen natürlich, als ich «Afghanistan» sage, aber sie äussert nichts.

Und sie gibt sich Mühe, will meinen Familiennamen korrekt aussprechen. Ob man «Rachimi» sage? Ich erkläre ihr, dass es Farsi ist, das h ausgesprochen wie auf Deutsch – einfach Rahimi. Mit dem gleichnamigen Schriftsteller nicht verwandt. Es interessiert sie, ich nenne ihr Atiq Rahimi, sie wird ihn wohl zuhause googeln.

Karin: Ich frage ihn, wie es kommt, dass er so jung schon eine Filiale leitet. Und erkenne meinen monströsen Irrtum. Hier in unserer Stadt ist der Hauptsitz von phone & plus, und *er* ist der Firmeninhaber, hat das Unternehmen gegründet. Vor drei Jahren, mit 23 Jahren. Ich bin überwältigt, er erzählt mir die unglaubliche Erfolgsgeschichte völlig bescheiden, besonnen, sachlich. Wie er schon im Gymnasium Freude hatte, defekte Geräte aller Art wieder instand zu stellen, und wie er aus Spass und Neugierde dann das erste iPhone reparierte – jenes eines Kollegen, lange bevor er Geld hatte, sich selber eines zu kaufen. Er tüftelte, fand heraus, welche Ersatzteile er aus China kommen lassen musste. Später unterbrach er das Wirtschaftsstudium, lieber machte er nun seinen eigenen Laden für Handyreparaturen auf. Bereits nach einem Jahr die Filiale in der Hauptstadt, und letztes Jahr jene in Zürich. Arbeiten bereite ihm grössten Spass, macht er völlig glaubwürdig geltend. 16-Stunden-Tage würden ihm überhaupt nichts ausmachen, wenn es nur für etwas Eigenes sei. Und nun eben expandiere er, hier im Weitfeld sei er mit seinem Team vor wenigen Wochen eingezogen, habe ein Start-up-Unternehmen gegründet. Er habe Geldgeber gefunden, denen seine innovativen Ideen gefielen. Und er liebe es, im Team zu arbeiten, habe viele junge Mitarbeitende eingestellt, die nun mit dem Unternehmen wachsen könnten. Eine neue GmbH, zwei Tochterfirmen, neben den Handyreparaturen nun auch Mobiltelefon-Zubehör und Wartung von Elektronik aller Art, weiter ein grosses Zentrallager für Einzelteile, mit Online-Handel – ich habe Mühe, alles so schnell aufzuschreiben.

Arman: Es ist ihr anzusehen, es wirbelt ihr etwas der Kopf, sie tippt eifrig, fragt nach, notiert die Links unserer Firmen, sie wird das alles sehr gründlich und gewissenhaft machen wollen.

Als ich ihr sage, dass ich die erste Firma mit einem kleinen Startkapital gründete, das mir mein Vater geliehen hatte – er, der uns Kinder immer zum Lernen und zu tüchtiger Arbeit angehalten hatte, da hakt sie ein.

Karin: Er erzählt wie seine Eltern als junge Leute Freiheit und blühendes Leben kannten, miteinander ins Kino gingen, ins Hallenbad, zu Konzerten. Wie 20 Jahre später seine Mutter, eine Lehrerin, unter der Herrschaft der Taliban ihren Beruf nicht mehr ausüben durfte und, wie alle afghanischen Frauen, die Ganzkörperverschleierung tragen musste, wenn sie aus dem Haus ging.

Arman: Sie hört zu, öffnet mir irgendwie das Herz. Ich habe es lange nicht mehr erzählt – wie meine Mutter diesen Spaziergang machte, und wegen der schlechten Sicht, durch das vergitterte Augenfenster der Burka, in den Bach fiel. Sie rettete sich heraus, hob ihre triefend nassen Gewänder etwas hoch, um sich zu trocknen. Und schon kamen zwei Sittenwächter mit Stöcken gerannt. Meine Mutter ging ein Jahr lang nicht mehr aus dem Haus.

Karin: 1997 sind Rahimis vor den Taliban geflüchtet. Acht Jahre alt war Arman, als sie in unserem kleinen privilegierten Land ankamen. Wie kann ich ihn nach Heimweh fragen, ohne ihm zu nahe zu treten?

Arman: Sie fragt es gut – wie das für den kleinen Jungen damals gewesen sei. Bewusst schafft sie einen Abstand. Und ich erzähle ihr von Amit, meinem Freund im Nachbarhaus in Kabul, und wie schwer mir die Trennung von ihm gefallen ist.

Karin: Er habe dann jeweils zum Himmel geschaut. Er macht es mir vor, hebt die Hand hoch zur Decke, zieht eine schräge Linie. Dort, in dieser Richtung ist ja gleich Amit, habe er sich dann jeweils gesagt, und die Distanz im Herzen auf ein erträgliches Mass verkürzt.

Gibt es noch Kontakt, heute? Gelegentlich. Amit hat ihm mitgeteilt, dass Rahimis Haus mittlerweile bereits dreimal von einer Rakete getroffen wurde.

Arman: Sie nimmt es zur Kenntnis, dass mein Leben jetzt hier ist. Mein Leben und meine Liebe.

Karin: Er wird nächsten Monat heiraten – eine gleichaltrige Juristin, ein Mädchen von hier, blitzgescheit und wunderschön, er zeigt mir ein Foto.

Hochzeit wird in einem Nobelhotel in der Hauptstadt gefeiert, nur 200 Hochzeitsgäste – eine leichte Enttäuschung für seinen Vater. Er grinst jungenhaft.

Wir verabschieden uns, draussen sehe ich in den Himmel und versuche, die Distanz einer schrägen Linie abzuschätzen.

Teres Liechti Gertsch ist Autorin und Journalistin, verheiratet und wohnhaft im zweisprachigen Biel/Bienne.

2009 ist ihr Roman «Wahlsommer» erschienen. Sie interessiert sich für Menschen und liebt Begegnungen.

TEXTE
Bruno Lüscher

Luftballon

*Es war einmal ein Luftballon
Der flog hinauf und weit davon
Er schwebte hoch zum Himmelszelt
Umrundete die ganze Welt.
Er fühlt' sich froh und munter
Schaute zur Erde runter
Voller Staunen blieb er stehn:
Von Grenzen war da nichts zu sehn
Doch prächtig lagen Meer und Land,
Gebirge, Flusslandschaft und Sand
Und all die blauen Seen.
Eins konnt' er nicht verstehen:
Wozu sind all die Kriege?
Was nützen alle Siege,
Wenn Unglück, Not und Hass entstehn
Und Friedensträume untergehn
Paradiesisch wär's hienieden
Mit Gerechtigkeit und Frieden
Zur Hölle wird es aber
Durch kämpfende Rechthaber
Von ihrem «Recht» besessen
Durch Wut und Hass vermessen
Verblendet mit dem Lebensziel:
Feinde töten – möglichst viel.
Kann dies des Daseins Sinn denn sein
Statt Freude – nur Zerstörung? – Nein!*

Gränze

Ds Meer het syni Gränze
U Gränze het ou ds Land
Dr Mönsch het syni Gränze
U gwüss ou sy Verschtand.

D Grössi, die het Gränze
U d Chlyni het sen ou
D Friedlichkeit het Gränze
Dr Chrieg de aber ou.

Ds Liecht het syni Gränze
U sogar d Dunkelheit
Ds Glück het syni Gränze
U gwüss ou alles Leid.

D Tiefi, die het Gränze
U d Höchi het sen ou
Ds Wachstum, das het Gränze
U ds Stärben aber ou.

D Wahrnähmig het Gränze
U ou d Beweglichkeit
D Läbeschraft het Gränze
Will alles z Änd mal geit.

Het d Ewigkeit ou Gränze
Geit sie unändlech wyt?
Het d Liebi ihri Gränze
Hie i dr Ärdezyt?

Planete-Träffe

Planete, wo sy zämecho,
Frage 'nang: Wie geit's dir so?
Ha nüt z chlage u de dir?
I wett, 's gieng niemerem, wie mir!

Was isch de los? Bisch du nid zwäg?
Bisch öppen uf em Absturzwäg?
Me sött zwar rüeme u nid chlage,
Doch e Chrankheit het mi gschlage.

Was hesch de du, um Himmels Wille?
Git's keis Mittel? Git's kei Pille?
Langsam särblen i hie ab
D Zyt für d Rettig wird scho knapp.

Göht gschyder uf Distanz – fürwahr
Vielleicht git's Aasteckigsgfahr.
Öppis wie ganz schlimmi Flöh,
Wo zum Nachbar über göh.

Teil wetti gärn by öich cho lande,
So han is ömu mau verstande.
Isch's uf mir de nümm guet z läbe,
Wei sie de grad wyter ... äbe.

Wie faht de ou die Chrankheit aa?
Mängs tuusigs Jahr chas ganz guet ga.
Doch sy die Cheibe ziemli schlau
Hei Füür u Technik u Metau.

U schliesslech zum ga umeschnurre,
Tüe sie lut desume pfurre:
Das stinkt u lärmet grauehaft
U nimmt mir Schnuuf u gueti Chraft.

Sie verpeschte myni Luft
Sie vermoore my guet Duft
Sie versoue mir mys Wasser
Sie wei Fun u Spass u Spasser.

Sie rotten us u bruuche Gwalt
Sie mache vor schier nütem Halt
Sie kämpfe sogar gägenang
U vielleicht geit es nümme lang,

De bruuche sie die schlimmschte Waffe
We sie's nid vorhär sötte schaffe
Naturverbunde friedlech z sy
U fründlech z läbe all derby.

Schüsch rotte sie sich sälber us.
Wär das für di de so ne Gruus?
Vielleicht wär's sogar e Gwinn
Für d Natur miech das doch Sinn.

Am Änd heit dir no öppe rächt:
Minus homo sapiens wär nid so schlächt.
Vielleicht chönnt mi wieder bchyme,
We sie nümme ume chieme!

Die wüssend Weise wei sie sy
U mache so viel lätz derby
Sie wärde würklech zu re Plaag
U roube sich scho gly d Grundlag

für länger hie no z existiere
We sie no meh dürestiere.
Es fählt ne schlicht am gsunde Mass.
Jäh, so chunnt's nid guet – gloub mir das.

Wär dr Mönsch nid anders dänkt
Vom Härz us voller Güeti glänkt
Mit Vernunft u mit Verstand
Mit Liebi als umfassends Band?

Es bruchti Gränze nid u Gsetz
Rächthaberei u Bsitz u Ghetz.
Es hätti gwüss für alli gnue
U d Fröid am Teile chiem derzue.

Aphorismen

Gleicht unser Wissen oder das, was wir dafür halten,
nicht vielen kleinen auftauchenden Inseln
in einem sich stets weiter ausdehnenden Ozean?

Sind ihnen die konstruktiven Möglichkeiten verbaut,
greifen manche Menschen zu den destruktiven,
um dennoch irgendetwas zu bewirken
 und Veränderungen herbeizuführen.

Wer zu lang zu kurz kommt,
entwickelt unter Umständen ein gefährliches Potential.

Erlittene Ungerechtigkeiten
können sich zu starken Triebfedern entwickeln.

Wie viele Illusionen braucht ein Mensch, um nicht in den Strudel von
    Hoffnungslosigkeit und Verzweiflung zu geraten?

Ist der Mensch lernfähiger und belehrbarer
als seine nächsten Verwandten?

Wo kämen wir wohl hin, wenn auch die Tiere im Verlaufe ihres
    Lebens so viel Unnötiges anhäufen und so viel Abfall produzieren
    würden
    wie wir Menschen?

Wo kämen wir wohl hin, wenn die Tiere «den Spiess umdrehen» und
    jeweils einmal pro Woche Menschen am Spiess anbieten würden?

Die eigenen Schmerzen und Probleme, erleben wir oft als gross
    und mächtig, diejenigen der andern erscheinen uns viel kleiner, wie
    alles, das wir aus Distanz betrachten.

Limericks

Der Mensch, der dünkt sich, ach so klug,
will ändern manches Zug um Zug;
doch meistens oder immer
wird alles noch viel schlimmer:
des Homo sapiens Selbstbetrug.

Wer hat die Wahrheit je besessen?
Wer hat die Weisheit je gefressen?
Wer ist berechtigt, radikal,
rücksichtslos und stur brutal
mit eig'nem Massstab stets zu messen?

Die Waffenschmiede dieser Welt
scheffeln haufenweise Geld;
doch müssten sie bezahlen
für Schaden, Not und Qualen,
dann wär' es um sie schlecht bestellt.

Was bringen uns die Kriege?
Was bringen uns die Siege?
Hunger und Not,
Schrecken und Tod
und Rachegift schon in der Wiege.

Fragt die Pflanze, fragt das Tier:
Wozu bin ich denn wohl hier?
Nein, sie leben
gottergeben
Sinnprobleme haben wir.

Roupe-Troum

Als Roupe graage mir derhär,
unghüür gfrässig, dick u schwär.

Mir wetti, mir wär Schmätterlinge,
chönnti üs ganz liecht ufschwinge,

chönnti flüge, chönnti gah
all de schöne Blueme nah
über Matte, über Fälder,
über Weiher, Moor u Wälder
wyt ou gägem Himel zue
chönnti flüge ... grad bis gnue!

einfach sein

einfach sein
ein – fach sein
sein – sein – sein
nicht
schein – schein – schein
nein
sein – sein – sein
ein – fach sein
einfach sein

Mitternacht ist jetzt vorbei,
bald strahlt der Morgenstern:
die Dunkelheit, die bricht entzwei,
der Tag ist nicht mehr fern.

Bruno Adrian Lüscher (1952), aufgewachsen in Bern, hat drei Kinder und drei Grosskinder und arbeitet nun – nach vielen Lehrerjahren – als Besucherführer im Bernischen Historischen Museum.

Als Mitglied des BSV und von Pro Lyrica verfasst er gelegentlich berndeutsche und hochdeutsche Gedichte (Hauptwerk: «ungerwägs – unterwegs»). Daneben schreibt Lüscher Kurzgeschichten und Essays sowie lokalhistorische Artikel.

TEXTE
Rolf Mäder

Il funambolo

La fune
il funambolo
la funivia
via la fune
via il funambolo
via funeste
dell'ambulanza:
death is fun, isn't it?

zu einem Gemälde von Lorenzo Maria Bottari, Milano 1988

Anglo-italian-mix

Let's chat, baby:
al posto di fax usa e-mail,
al posto di bus e tram facciamo footing.
Per l'out-fit metti pull e jeans,
una camicia bi-sex e qualche clip.
Vuoi fare due salti? beat, no be-bop
(per i dee-jays di oggi sarebbe un flop!)
Food? lascia perdere il lunch, make a break
con big McDonald al posto dello steak!
Ero, morfa, roba, schizzo, non mi fa flash!
Mah, lasciamo perdere: tutto trash.

2011

Am Morge am füfi

D Uhr schlaat füfi.
I ha se öppe zwölftuusedsibehundert mal all Wuche
ufzoge sit mir ghürate sy.
D Uhr isch vo myr Mama selig.
Vo denn wo-n-i uf d Wält bi choo
bis denn wo d Mariann un i ghürate hei
het me d Uhr o schon füfezwänzg mal zwöiefüfzg mal
ufzoge gha. Wenn i se ufzieh
mues i dr Schlüssel füfezwänzg mal dräie,
de louft si ume sibe Tag lang.

Vor füf Tag ha-n-i es Füfegg zeichnet:
mit em Zirkel e Kreis
u dä i füf Bitze yyteilt: 5 mal 72 Bogegrad.
Die Pünkt hei e füfstrahlige Stärn ergäh:
ds Pentagramm für d Venus u d Freimuurer.
Papst Franz het's zersch als Wappe wölle haa,
weder der Vatikan isch dergäge gsi:
s isch ja o ds Symbol vor italiänische Republik
u sogar vo Marokko.
I gloub, i ha's o uf emene Judefridhof gseh.

5.2.2015

Se

Se non è vero
è comunque ben trovato
e mal capito o mal capitato.

2014

Dubito – ergo sum

In dubio pro reo
in re pro dubio.

MMXIV m.I d.XXX

Le doute universel

Entre Rousseau et Voltaire
c'est le doute que je préfère.

2014

Agli ecologisti fra gli automobilisti

Il virtuoso pensa a se stesso per ultimo.

1993

Eines Tages

Eines Tages stellte Hänschen die Weiche für seine Lebensfahrt auf Ablenkung. Er kreuzte die Fahrspur der vorgesehenen Laufbahn und geriet auf ein Stumpengleis. Als Hans die verfahrene Lage erkannte, stand das Signal für ihn auf Halt. Sein Zug war abgefahren.

Mit der RBS wär's Housi sooo doch nie passiert!

Literatur im Alltag. Solothurn–Bern, im Aushang in den Zügen vom 23. bis 31. Mai 1992.

Rolf Mäder (1939), geboren in Bern, Studium der Romanistik in Bern, Dr. phil., Höheres Lehramt, Seminarlehrer, Wissenschaftl. Mitarbeit int. Zertifikatskommission in Frankfurt/Accademia di Lingua Italiana Firenze, Organistenausweis, Hrsg. ital. Sprachlehrzeitung Il Carosello 1973–88, Der Dinosaurier im Liebefeld (Liebefeld 1979), Meine klassischen Spaziergänge (Liebefeld 2001), Racconti romani (Bern 2006).

DÄTTWYLERS DORLI SINI ABVERHEITI VERLOBIG
Sunil Mann

«Äbe, wäg däm Dorli», macht Role, woner vor Toilette zrüggchunnt, und git der Serviertochter es Zeiche, si söu de nume nomau vier Schtange bringe.

«Bisch gäng no bi dere?» Der Hene verdräiht d Ouge, und natürlech hetter rächt. Role füut üs geng d Bire mit irgendwelche Gschichtli, wo de muesch ga d Pointe sueche, we si überhoupt eini hei.

«Jitz muesch lose!», seiter u hocket wider häre.

«I weis ja nid emau, vo wäm dass redsch.»

«E mou! Dättwylers Dorli. Du kennsch die o, isch öppe zwöi, drü Jahr jünger aus du. Hett obe am Fischerwäg gwohnt, bevor si se ghout hei.»

«Ah die», macht jitz dr Miggu u dr Hene faht afaa hirne, ä ehnder ungwohnti Beschäftigung für ihn. Me gsehtsem emu guet aa, daser grüblet.

«Dorothée, mit Egü. Dättwylers hei äbe scho immer gmeint, si sige öppis Bessers.»

Ds Rösli rumt die lääre Gleser ab, putzt schnäu mit eme Lumpe die chläbrige Fläcke wäg und schteut när vier früschi Bier vor us häre.

«Liireter wider mau?», fragtsi u louft eifach dervo.

«Du Frölein …», macht Role und wädlet mit em Zeigfinger ir Luft desume.

Ds Rösli grinset fräch u schteut die dräckige Biergleser i d Abwäschmaschine.

«Auso, was isch jitz mit däm Dorli?», schtürmet dr Hene.

«Nume nid gschprängt.» Role nimmt e zümftige Schluck us sim Glas. «Auso, der Père isch Lokifüehrer, d Mère hett gärn chly wichtig ta. Die hett ums Verrecke wöue, dass ds Töchterli Karriere macht, Zahnärztin mindeschtens oder Rächtsawäutin. Tummerwis isch das Dorli nid so es gschids gsi. Si hetts zwar scho versuecht mit em Gymer, aber isch nid inecho. Auso KV, hett druf dr aut Dättwyler befohle, das isch denn gang u gäb gsi. U sini Frou hett gmeint, KV isch ir Ornig, aber när söu die Dorothée directemang hürate u wenn möglech chli passabu.» Role macht e Bewegig, aus würder öppis zwüsche Tuume u Zeigfinger verbrösmele.

«Aber leider isch das Dorli o nid sones schöns gsi. Jedefaus hie ume hett se kene wöue.»

Dr Miggu lachet dräckig.

«Nach der Lehr hetts Dorli de wöue ga reise, chly d Wäut gseh u vor auem wäg vo hie. Aber dr Aut hett gseit, nüt isch. Drum hett sie de dä Bügu bir Druckerei aagno, aber sie wär haut glych schampar gärn chly umegrösslet. U je lenger dass si dert hett gwärchet, desto meh hettsi tröimt, vo was weisme nid genau. Mängisch isch si so wyt wäg gsi, i Gedanke meini, dass mere es paar Mau hett müesse rüefe, bis si gloset hett.»

Role nimmt e Schluck Bier. «Aber dr Scheff hett das nid gschtört, ihm hett nämlech das Dorli scho no gfaue. Äs isch jitz nid grad e Chatz gsi, wenner wüsst wasi meine, aber zum Küsu hätts passt. U so isches cho, wies hett müesse cho, är isch es paar Mau mitem i Usgang, hetts zum Znacht iiglade u einisch si si sogar zäme ga schifahre, uf Föitersöi ueche oder süsch some Ort, i weises nümm so gnau. U ds Dorli isch rächt häppi gsi, u sini Eutere sowieso. Die hei äuwä äs Fröidetänzli ufgfüehrt, immerhin hett ihns doch no eine wöue, u de ersch no der Scheff.»

Role macht e dramatischi Pouse. «Nume – das hett nid lang häreghäbt u scho baud hett ds Dorli dere Sach nümm trout. Weu äs nämlech ds Gfüu hett gha, dr Küsu luegi chly zfescht ere angere nache. Jedefaus hettsine scho es paar Mau mit dr Bärble verwütscht, wo denn grad nöi hett aagfange ir Druckerei, blond isch die gsi u hett rächt Schriis gha bi de Manne. Dr Scheff hett geng mitere umeküschelet u so, u de heisi glachet, zersch im Gheime, aber de je lenger je meh o eifach so. Derbii heisi immer so kurlig zum Dorli überegluegt u wenns zrüggglueget hett, de heisi wider aafaa gigele. Ds Dorli hett nid verschtange, was dä jitz a dere Schese findet, aber äs hett nüt gseit, isch nume immer truuriger worde u hett wider aagfange i Tag ine tröime. Me muess wüsse, dass äs gärn uf Indie wär, vermuetlech hett äs i Gedanke sogar scho d Hochzytsreis derthäre planet. Uf jede Fau hetts ame Morge sone indische Tämpu uf sy Bürotisch gschteut, us wyssem Marmor isch dä gsi u eigetlech henneschön.»

«Du meinsch äuwä dr Thatsch Mahal», underbricht dr Hene u Role lüpft d Schultere.

«Mir aa Thatsch Mahal, ke Ahnig, wie die däm Züg dert unge säge. Äs isch emu dr letscht Tag vor de Wiehnachtsferie gsi, u dr Scheff isch scho dr ganz Zyt so komisch ums umescharwänzlet. Das ischem Dorli zimlech ufe Wecker gange, u je lenger je meh ischäs hässig worde. Wener scho duurend mit dere Bärble am umepussiere isch, de mueser jitz o nümm cho, hetts dänkt, aber tief drin ischäs natürlech geng no entüüscht gsi. U när chunnt dr Küsu und fragtse, öb sie no chly chönn blibe, nume churz, es sig ke grossi Sach. Ds Dorli hett nicht rächt gwüsst, aber am Schluss ischäs iiverschtande gsi, weu si sech natürlech geng no Hoffnige gmacht hett. U de geit dr Küsu, dä Gigu, use u verschwindet mit dr Bärble i sim Büro, u si chöme es ganzes Zytli nümm use. Aui angere si gschpässigerwis plötzlech verschwunde gsi, u die drü si ganz allei ir Druckerei, u wo dr Küsu uf ds Mau bim Dorli schteit ure versuecht es Müntschi zgäh, gseht äs rot. Äs packt dä Tämpu ...»

«Thatsch Mahal», macht dr Hene.

«... packt dä Thatsch Mahal u houtne am Küsu ufe Gring, dass es tätscht u kracht, u dr anger gheit hingerdsi um, schlaht dr Gring grad nomau ar Tischkante aa u blibt ohni e Wank z tue am

Bode lige. Bluet louftem us de Ohre unes git zimlech schnäu e huere Souerei ufem Schpannteppich. U denn ersch gseht ds Dorli das Truckli, woner ir Hang hett, immer no ir Fuscht feschthett, es chlyses blaus Truckli isch das, mitere siubrige Schleife ringsetum. Si huuret sech ache u schpienzlet ids Chärtli, wo dranne plampet. ‹Für ds Dorli› schteit drin, u i däm Momänt chöme si aui wider ine, aui Mitarbeiter u d Bärble zvordersch, u ds Dorli huuret immer no dert u weis nümm weder us no ii, si chöme mit Ballön u Papierschlange ure grosse Fläsche Schampanier u zwe Pursche häbe es Schpruchband i d Höchi, wo druffeschteit: ‹Aues Gueti zur Verlobig›».

E haubi Sekunde schpeter faht d Bärble aafaa ggöisse u wott gar nümm ufhöre dermit.

«Tumm gloffe», seit dr Miggu u mir angere gaffe tuuch i üsi Biergleser.

Sunil Mann wurde als Sohn indischer Einwanderer im Berner Oberland geboren und lebt heute in Aarau.

Für sein Romandebüt «Fangschuss» wurde er 2011 mit dem Zürcher Krimipreis ausgezeichnet. Im Spätsommer 2016 erschien mit «Immer dieser Gabriel» sein erstes Kinderbuch.

IM SCHLOSS
Marretta / Himmelberger

«Im Schadaupark am Thunersee sollen sich ein paar zwielichtige Gestalten aufhalten», sagte Polizeikommissarin Katharina Tanner zu ihrem neapolitanischen Assistenten Beppe Volpe.

Dieser meinte trocken: «Darunter befindet sich bestimmt auch Franz Schneider, der Verbrecher, den wir seit einem Jahr suchen.»

«Also nichts wie los, Beppe, den schnappen wir uns noch heute.»

Sie fuhren mit dem Alfa Romeo über die Autobahn von Bern nach Thun. Es war ein kühler Wintertag und sie waren fast alleine unterwegs. Nach gut 30 Minuten Fahrt parkierten sie vor dem Schloss. Dort waren alle Türen verriegelt und am Eingangstor hing ein Schild: Betreten verboten.

«Die Gauner sind bestimmt hier drin», murmelte Beppe. «Ich rieche es.»

Er kletterte geschickt die Fassade hinauf und stieg durch eine Luke, die er aufdrücken konnte, ins Schloss ein und verschwand hinter den Schlossmauern. Katharina wartete ungeduldig. Auf einmal öffnete sich von innen eine seitliche Türe.

«Prego signora, treten Sie ein. Tür und Tor sind für Sie offen.»

Im Schloss war es dunkel. Vorsichtig tasteten sie sich den alten Mauern entlang.

Beppe schwieg. Wohl war ihm nicht hier drinnen. Von den Gaunern war weit und breit nichts zu sehen. Aber man hörte Geräusche: Ein Rascheln und das Tropfen eines Wasserhahns. Auf einmal flatterte ein dunkler Vogel über sie hinweg – oder war es eine Fledermaus? Beppe bekam es mit der Angst zu tun, aber er wollte sich auf keinen Fall etwas anmerken lassen.

«Falscher Alarm, Frau Kommissarin. Franz Schneider ist nicht hier. Wir gehen jetzt besser rasch wieder nach draussen.»

Als Beppe sich umdrehte, erstarrte er: Vor ihm stand riesig und furchterregend in weitem, schwarzem Gewand der Sensenmann. Dieser breitete seine Arme wie Flügel aus, als wolle er Beppe in einem Todesreigen umarmen.

Katharina tastete fieberhaft nach ihrem Pfefferspray. Der Sensenmann begann zu sprechen. Das Echo seiner Stimme hallte durch das Gemäuer des Schlosses:

«Du kommst mit mir in die Hölle, Beppe.» Beppe wollte davonrennen. Aber in diesem Moment brach hinter ihm ein Inferno los. Beppe drehte sich um und sah ein Dutzend angsterregender Teufel mit langen Eckzähnen auf sich zukommen. Sie veranstalteten auf ihren Trommeln und Blechinstrumenten einen ohrenbetäubenden Lärm.

«Willkommen in der Hölle», schrien sie wild durcheinander. «Bei uns brennt das ewige Feuer.»

Beppe wurde schwindlig und die teuflischen, schwarzen Gestalten tanzten gespensterhaft um ihn. Bevor er zu Boden sank, spürte er noch, dass seine Hose nass war wurde. Da hörte er Katharinas Stimme:

«Beppe, heute ist Fastnachtsbeginn und alle Geister haben sich hier im Schloss zum Fest versammelt.»

Saro Marretta, lic. phil. und Gymnasiallehrerpatent an der Universität Bern. Literaturnationalpreis Carlo Goldoni in Venedig, 1973. Einige Werke: Oliven wachsen nicht im Norden; Agli (Gedichte); Das Spaghettibuch, Zeichnungen von Ted Scapa; Piccoli italiani in Svizzera; Der Tod kennt keine Grenzen (Krimi); Die letzte Reise nach Palermo (Krimi). Pronto, commissario?; La commissaria. www.saromarretta.com.

Daniel Himmelberger, siehe Seite 91.

VOR EIBEN KANN KEIN ZAUBER BLEIBEN
Luisa Marretta

Es war einmal ein Knabe, der hiess Julian. Am liebsten spielte er mit einem Ball, das war sein Freund. Wenn Julian fröhlich war, hüpfte der gelbe Ball mit ihm umher, und wenn Julian sich ärgerte, durfte er ihn herumstossen, wie er wollte. Der Ball ertrug alles geduldig.

So sehr war Julian mit seinem Ball befreundet, dass er ihm pfeifen konnte, wenn der an einen versteckten Ort verschwand. Dann rollte der Ball heraus.

Eines Tages stiess der Junge wieder seinen Ballfreund vor sich her und grübelte dabei einer Sorge nach, die ihn quälte. Er sah, wie ein anderer Knabe Kinder zu seinem Geburtstagsfest einlud, Julian aber wurde nie eingeladen. Er hatte wenig Freunde, denn er wusste eben wenig zu erzählen. Es kam ihm nicht viel in den Sinn, mit dem er andere unterhalten konnte, und mutig war er auch nicht.

Julian schlenderte mit seinem Ball zwischen den Häusern und Gärten seines Quartiers umher. Heftig gab er ihm Fusstritte, der Ball flog davon – aber diesmal blieb er verschwunden, Julian konnte pfeifen, soviel er wollte.

Verwirrt suchte der Junge im Gebüsch, im Strassengraben, zwischen den parkierten Autos. Nichts. Bei einer Baustelle am Strassenrand war die Strasse aufgerissen, und da, tief im Loch unten, da leuchtete es gelb, das war sein Ball.

Julian musste irgendwie hinuntersteigen. Es gelang ihm. Unten weitete sich der Graben zu einer Höhle. «Komm nur herein», sagte da ein freundliches Mädchen. Neugierig spähte Julian herum. «Dein Freund ist schon bei uns und wartet auf dich.»

Der Junge trat in die Höhle. Bläuliches Licht hüllte ihn ein, Wasser tropfte auf ihn herab, es war kühl. Wunderbare Säulen aus

Tropfstein hingen von der Decke herunter oder standen am Boden umher. Das Mädchen ging voraus, von ihm angezogen folgte Julian. Sie kamen zu einem grossen Wasserfall.

«Setz dich darauf, so kommst du weiter». Julian setzte sich auf den Wasserstrahl, und hui, flog er in die Tiefe, so dass ihm ganz schwindlig wurde. Aber er landete sanft in einem schimmernden Becken in einem hohen Wald. Der Junge liess sich etwas treiben. Von den Bäumen flogen seltsam farbige Vögel herab und umkreisten ihn. Es war angenehm warm, das Wasser glitzerte und strömte um ihn herum, es trug ihn, ohne dass er sich viel bewegte. Fliegende Käfer schwärmten umher, berührten ihn aber nicht.

Aus einem Gebüsch trat nun ein Mann hervor in einem langen schwarzen Rock, glänzendem Haar und buschigen Augenbrauen. «Was suchst du da in meinem Reich?» polterte er. Erschrocken starrte Julian ihn an: Das war ein Zauberer! «Oh ich will nur meinen Ball holen» stotterte er. «Such ihn selber, zwischen diesen Felsblöcken oder im Gebüsch liegt er», sagte der Zauberer mit so tückischem Grinsen, dass es den Knaben grauste.

Den ganzen Tag schuftete Julian, trug Steine weg, suchte, nirgends fand er den Ball. «Immerhin, Kraft hast du », meinte der Zauberer, aber du musst mir noch zeigen, ob du auch Geduld hast.» Dem Knaben, der auf den Ball gehofft hatte, sank der Mut. Aber was blieb ihm anderes übrig als zu gehorchen, er war gefangen! Der Zauberer zeigte auf einen Baum mit Nüssen. «Morgen holst du mir alle herunter und knackst sie auf. Wenn du nur eine einzige Nuss oben lässt, verwandle ich dich in einen Monsterhund» drohte er.

Erschöpft fiel Julian in tiefen Schlaf, träumte von zu Hause. Mit neuen Kräften kletterte er am nächsten Morgen geschwind auf den Nussbaum, holte eine Nuss nach der andern und knackte sie auf. Zuletzt schaute er nochmals in den Baum hinauf, ob er wirklich alle erwischt hatte. Da sah er die freundlich lächelnden Augen des Mädchens zwischen den Blättern. Sie wiesen in die Richtung, wo noch eine einzige Nuss hing. Die hätte ihn sein Menschenleben kosten können! Julian holte sie und war erlöst.

Als der Zauberer erschien, schwenkte der ein Schwert in der Hand. «So, nicht schlecht», meinte er, hast Glück gehabt, sonst wärst du jetzt mein Hund geworden. Nun gehst du über dieses Feld in den Wald, mit diesem Schwert musst du dich durchschlagen. Auf der anderen Seite findest du, was du suchst, und den Ausgang aus meinem Reich. Haha, noch niemand hat das geschafft!» Er rieb sich die Hände und sagte weiter: «Essen kannst du von dem, was du findest, nur die Beeren der Eibe rührst du nicht an, die sind giftig!»

Julian machte sich mit dem Schwert zum Wald auf und sprach sich Mut zu. Der verging ihm aber rasch. Überall lauerten Ungeheuer auf ihn, bereit zum Sprung. Gefährliche Zähne und Augen leuchteten ihm entgegen. Schon näherte sich ihm ein Tier mit gewaltigen Klauen, einem langen Schwanz und riesigem Gebiss. Julian rannte davon, wusste aber, dass das nichts nützte. Jetzt langte das gewaltige Tier nach ihm – da hatte er einen Gedankenblitz. Er kletterte auf den nächsten Baum, es war eine Eibe. Etwas musste mit diesem Baum los sein, sonst hätte der Zauberer ihn nicht gewarnt, das war doch verdächtig. Ach so, die Beeren waren offenbar gefährlich, giftig. Also riss Julian rasch eine Handvoll davon ab und warf sie dem lauernden Ungeheuer unter ihm in den offenen Rachen. Dieses verschluckte sich daran – und, was geschah? Ein junger Mann stand plötzlich vor ihm!

«Du hast mich aus meiner Verzauberung erlöst»! rief dieser aus, «die Eibenbeeren haben mich gerettet!»

Erleichtert stieg der Junge hinunter. Beide sammelten so viele Eibenbeeren, als sie fanden. Sie stiessen in den Wald vor und schon begegneten sie dem nächsten Ungeheuer. Listig warf Julian ihm einen Stock entgegen, so dass das Tier sein Maul zum Angriff öffnete und der Junge ihm die Beeren hineinwerfen konnte. Und wieder wurde ein verzaubertes Wesen erlöst und ein Mensch stand vor ihnen. So ging das weiter, bis der ganze Zauberwald befreit war.

All die Menschen gelangten miteinander auf die andere Seite des Waldes. Dort empfing sie das freundliche Mädchen und geleitete sie hinauf zur Strasse in die andere Welt.

Dem Julian aber drückte es seinen gelben Ballfreund in die Hände.

Von nun an hatte Julian den anderen Kindern um ihn herum viel zu erzählen!

Luisa Marretta-Schär, Dr. phil.-hist, war Dozentin an der Pädagogischen Hochschule Bern mit Schwerpunkt Sprachentwicklung und Literatur, speziell Erzählforschung bei Volksliteratur.

Werke: «Das schneeweisse Steinchen», wundersame Märchen und Sagen, Dendron 2016. «Kinder spielen Tischtheater», Scola Orell Füssli, 2011. «Raffaele d'Alessandro», Leben und Werk, Amadeus Winterthur 1979. Verschiedene Buchübersetzungen und Werke mit Saro Marretta zusammen.

DIE MAROKKANISCHE KATZE
Ursula Meier-Nobs

Die Katze

Kaum weiss ich, wie mir geschieht, es saust um meinen Kopf, schmerzvoll treffen mich die Schnabelhiebe, längst ist mir der Fisch abhandengekommen, aber sie lassen nicht von mir ab trotz meines Fauchens und Schreiens. Mia-aa-aaou! Mich hat die Angst gepackt. Gegen diese Übermacht bin ich hilflos.

Und auf einmal fliegen Steine, der Spuk ist vorbei, erschrocken flattern die Vögel davon, einer von ihnen versucht es mit herabhängendem Flügel vergebens. Und dort steht der Junge, dessen Geruch und nächtliche Zärtlichkeit ich in mir habe, inmitten seiner Kameraden. Sie lachen, schlagen ihm auf die Schulter, versuchen, die verwundete Möwe zu fangen. Er steht nur da und schaut mich an. Ich weiss, er hat mich gerettet!

Aber dieses Lumpengesindel! Mein rechtes Ohr ist verletzt, ich blute. Mit der angefeuchteten Pfote fahre ich darüber, das schmerzt; aber es muss sein. Nichts heilt so gut wie mein Speichel. Noch sitzt mir der Schreck in den Gliedern und doch bin ich irgendwie heiter. Seltsam, normalerweise wäre ich niedergeschlagen nach einem so bösartigen Erlebnis. Aber der Junge hat mir geholfen und darüber freue ich mich – vielleicht zu früh? Vielleicht hat er die Steine nur geworfen um seine Treffsicherheit zu beweisen und vor seinen Kameraden zu glänzen, und es hat mit mir rein nichts zu tun. Vielleicht hat er mich gar nicht wiedererkannt, so schnell wie er mich am Morgen verjagt hat. Vielleicht weiss er gar nicht wie ich aussehe, ob schwarz oder weiss oder getigert. Es ist wohl besser, mir nichts vorzugaukeln. Vielleicht ist ja alles ganz anders als ich es mir wünsche.

Vorsicht ist angesagt; bei den Strassenkindern weiss man nie!

Übrigens: Die Möwe mit dem herabhängenden Flügel! Sie haben sie erwischt, ihr den Hals gebrochen und die Federn ausgerupft. Diese haben sie sich als Schmuck an die Kleider geheftet, den toten Vogel in einen Sack gesteckt und mitgenommen.

Der Junge

Nahe der Felsen ist der Sand noch warm von der Hitze des Tages. Der Junge sucht sich einen geschützten Platz, wirft die Decke hin, die er heute im Sokko erbeutet hat. Sie riecht nach Maultier, auch ein wenig nach Minze, ist aus grobem Garn und er freut sich. Es war ganz einfach gewesen: Das Tier stand beim Tor der Medina, sein Herr sprach mit den Handwerkern, eine Schar Ungläubiger drängte vorbei. Die Decke war ins Rutschen geraten und zu Boden geglitten; da hatte er sie aufgehoben und – nach einem kurzen Blick in die Runde – unter den Arm geklemmt und mitgenommen. Niemand, so hofft er wenigstens, hat etwas bemerkt und nun gehört sie ihm. Das ist gut, er wird weniger frieren und keine Katze brauchen, die ihn wärmt.

Wo sie wohl ist? Seltsam, wie sie ihn ansah, heute am Hafen. Seltsam auch, dass sie ihm auf einmal leidgetan hat inmitten der wütenden Vögel. Er hat den Stein geworfen, ohne zu überlegen. Ein Segen, dass er die Möwe traf, so bemerkten seine Freunde nichts von seiner Regung; sie hätten ihn wieder ausgelacht.

Die Möwe haben sie über einem Feuerchen gebraten, es reichte kaum zu einem Bissen für jeden. Trotzdem hatten sie sich heute einigermassen satt essen können, weil Fadil, der Fischer, ihnen von seinem Fang das überlassen hat, was nicht zum Verkaufen taugte. Etwas viele Gräten, aber zusammen mit den erschlichenen Fladenbroten eine köstliche Mahlzeit.

Fadil ist ein guter Mann. Hin und wieder darf er ihm behilflich sein, dann nimmt er ihn mit hinaus aufs Meer. Fadil ist ein Freund seines verstorbenen Vaters und deshalb fühlt er sich – so sagt er – für ihn verantwortlich. Aber er, der Junge, mag das nicht, er erträgt niemanden mehr, der für ihn verantwortlich sein will. Er will frei sein, will tun und lassen was ihm beliebt; auch wenn er oft dabei hungern muss, das ist es ihm wert.

Nur manchmal, wenn er an früher denkt, als Vater noch lebte und Mutter ihm süssen Nougat kaufte, dann beschleicht ihn leise Wehmut. Er sieht seinen Vater, wie er mit untergeschlagenen Beinen in dem schmalen Laden im Sokko sitzt, stundenlang, und die Gewänder näht, die hier Mode sind und die jedermann trägt. Er sieht sich selbst neben ihm sitzen, wie er ihm zur Hand geht und bereits imstande ist die gröberen Arbeiten auszuführen. Es ist beschlossene Sache, dass er sein Nachfolger werden wird.

Und dann kam dieser Husten und brachte den Tod und damit das Elend. Nie wird er verstehen, weshalb sich seine Mutter diesen Trunkenbold ausgesucht hat, der nun ihr zweiter Mann ist. Im Laden sitzt jetzt dessen Bruder und macht sich wichtig. Er geht da nicht mehr hin, es schmerzt. Er geht auch nicht mehr zum Haus, in dem seine Mutter wohnt. Ihr Mann hat ihn hinausgeworfen. Dieser verdammte Hund hat sie in seinem Suff geschlagen und er versuchte, sie zu beschützen, hieb mit den Fäusten auf ihn ein. Noch war er zu schwach ihn zu bezwingen; aber eines Tages, eines Tages!

Er schaufelt mit beiden Händen den Sand, dort, wo sein Kopf zu liegen kommt, zu einem Kissen zusammen, breitet die Decke darüber, legt sich hin. Die Enden zieht er um sich, es reicht nicht ganz, die Stoffbahnen sind zu schmal. Aber dieser Schlafplatz ist besser als die harte Strasse.

Die Wellen singen ihren ewigen Gesang – aufrauschend, verklingend, aufrauschend. Der nachtblaue Himmel über ihm ist voller blinkender Sternenpunkte, Figuren bildend, die er nicht kennt, die in ihm eine Sehnsucht entzünden nach der Ferne, von der er träumt. Die Ferne, das andere Gestade, das Land, wo alles besser ist. Dort will er hin. Aber vorher wird er abrechnen, wird ihm, seinem Widersacher, einen Denkzettel verpassen, den er nie mehr vergessen wird.

Er dreht sich zur Seite, hält mit der einen Hand die Decke über der Schulter zusammen, schliesst die Augen, verspürt nur Unsicherheit, Angst und Traurigkeit. Doch da ist auf einmal wieder das weiche Etwas, das sich ihm anschmiegt, von dem er im Halbschlaf ahnt, dass es die Katze ist, weiss nicht, soll er sie verjagen oder annehmen. Er fühlt die Wärme ihres kleinen Körpers, den Trost, der von ihr ausgeht, zögert kurz und nimmt sie in die Arme.

Auszug aus «Die marokkanische Katze» (unveröffentlicht)

Meier-Nobs Ursula (1939), geboren in Bern, verheiratet, zwei erwachsene Kinder, Ausbildung zur Lebensberaterin VBLB in Bern.

Publikationen: Kurzgeschichten, Berndeutsche Kinderbücher, Historienromane, Theaterfassung.

GEDICHTE
Erwin Messmer

Sisyphus

ist es müde geworden
immer am selben Berg zu arbeiten
dauernd den Stein zu wälzen
der am Ende
doch wieder zu Tal donnert

Und ausserdem ist es verboten:
Gefährdung anderer Wanderer

Nun hat er sich darauf verlegt
Berge zu versetzen

Aber auch dieses Projekt
ist letztlich ernüchternd
Wohin er die Berge auch schiebt
sie bleiben immer dieselben

Und ausserdem schimpfen die Wanderer
Abends erreichen sie todmüde
fremde Bahnhöfe
meist stillgelegte
und weit und breit keine Kneipe

Während sie entnervt die Tafeln
mit den verjährten Fahrplänen studieren
schiebt Sisyphus den Berg wieder weg
Hinter ihrem Rücken
Zurück an seinen ursprünglichen Platz

Berner Sommerfrische

für Jürg Brunner

Der Eiger ist seit
Menschengedenken
sehr eigensinnig
kümmert sich
einen Deut um
die Jungfrau
Kein Gentleman
Wär er doch
Mönch geworden

Das Wetterhorn
wettert mit dem
Finsteraarhorn
Was haderst du immer
mit der Baumgrenze
Vergiss des Ahorns
Schattendach der
Fichten dunkles Grün
sie würden dein Gesicht
noch mehr verfinstern

Der Hohgant
vagantet klandestin in
Nebelfetzen hin
und wieder

Der Niesen
holt sich einen
Schnupfen
hat sein Schnupftuch
auf dem Kopf
statt an der Nase

Und wo
im weissen Glast der
Blüemlisalp nur sollen denn
die Blümlein draussen
zittern

Ansichtskarten

Mit der Tochter auf Reisen
Wir schreiben Grüsse
sie liebste
ich liebe
Ich der Freundin
sie dem Freund
Sie dem ersten
ich vielleicht
meiner letzten
Postkarten
sind Ansichtssache

k' Chuä vo Gampälä

Wo simmer etz?

z'Gampälä

Wo isch Gampälä?

Im Bäärner Seeland

Und s'Bäärner Seeland?

Liit idä Schwitz und
t'Schwitz diä liit
z'Europa und
Europa uffdä Wält

Und t'Wält?

Flüügt durs Wältall

Und woo isch s'Wältall?

Waiss i nööd
Vilicht idä Hand
vom liäbä Gott

Und d'Hand
vom liäbä
Au Bappä
logämol dött
ä Chuä!

Jo da isch etz äbä
ä Chuä vo Gampälä

'Putzfrau isch tood

Füffzg Johr lang
hättsi jedi Wochä
'Pödä uuffggnoo

Etz hättsi
dä Bodä uuffggnoo

I dä Toodesaazaig
isch wenn's mer rächt isch
öppis gschtandä wiä
Äär hegsi uuffggnoo
i sini Härrlächkait

Wäär ggnau
hends nöd präzisirrt

Teengg dä Bodä

Erwin Messmer (1950), wohnhaft in Bern. Organist, Lyriker und Publizist. Bisher erschienen zehn Gedichtbände.

Jüngste Publikationen: «Äm Chemifäger sis Päch», Gedichte und Kurzprosa im St. Galler Dialekt. Drey-Verlag, Gutach, 2014; «Nur schnell das Glück streicheln», Gedichte. Edition 8, Zürich, 2017.

VON VÖGELN AM SPIEZBERG
Gerlinde Michel

Genau. Hier geht es um Ornithologisches – wenn auch durchaus laienhaft –, und nicht um Frivoles. Vielleicht auch um Biodiversität, im positiven Sinne, trotz klimatischer Alarmzeichen in Luft, Wasser und Erde. Denn wenn ich meinen Augen und Ohren trauen darf, tummelt sich jedes Jahr eine vielfältigere Vogelwelt in meinem Garten am Spiezberg. Der Spiezberg – ein heimliches Vogelparadies?

Nehmen wir den Wiedehopf. Den kannte ich einzig aus dem Tierbuch, vielleicht auch von der Vogelstimmen-Single meines Vaters, aus deren Rillen es zirpte, schnatterte und trillerte, was das Zeug hielt. Es war im Frühling vor ein paar Jahren, der Schnee (ja, Schnee!) war endlich geschmolzen und die zerknitterte Blumenwiese hinter dem Haus dehnte sich wohlig in der ersten Frühlingswärme, da stocherte tatsächlich ein Wiedehopf mit seinem langen, krummen Schnabel im feuchten Erdreich nach Regenwürmern und spreizte dazu die Kammfedern. Meine Aufregung liess sich nur mit der Ekstase des Hobby-Ornithologen vergleichen, der im Sommer davor mit einem Feldstecher an der Grenze zwischen Garten und Waldsaum herumschlich und mich im ersten Schreck an einen Voyeur denken liess. Nichts davon, er war hinter dem Gartenrotschwanz her. Die seien auf der roten Liste, in der Schweiz kurz vor dem Aussterben, und jetzt habe er migottstüri in meinem Garten einen entdeckt, er drehe fast durch vor Freude! Seine Begeisterung war ansteckend; später sichtete auch ich das seltene Exemplar. Hier nistet auch der der ordinäre Hausrotschwanz, weiter schwirren Rotkehlchen, Grünfinken, Blaumeisen und Mönchsgrasmücken durch die Hecken, und die Buntspechte vervollständigen tocktockernd nicht nur die Farb- sondern auch die Tonpalette.

Mehr über Töne später; vorerst etwas zu den Meisen. Irre ich mich, oder taucht fast jedes Jahr eine neue Art auf? Zu den Kohl- und Blaumeisen haben sich längst Tannen-, Nonnen- und neckisch behelmte Haubenmeisen gesellt, und manchmal rast ein Kleiber Kopf voran Nachbars Blautanne hinunter. Als Kinder brachten wir die Meisen dazu, Nüsse aus unserer Hand zu fressen. Inzwischen sind die vorwitzigen Piepmatze wegen eines neurobiologischen Experiments berühmt geworden. Englische Wissenschaftler haben nachgewiesen, dass die Kohlmeisen über ein besseres Gedächtnis verfügen als beispielsweise die Tannenmeisen. Im Gegensatz zu den Tannenmeisen legen die Kohlmeisen Nahrungsvorräte an und müssen sich beim nächsten Hungerast auch an den genauen Ort dieser Schätze erinnern können, sonst wäre ja alles Verstecken für die Katz gewesen. Zudem ist der Hippocampus der Kohlmeisen – der Teil des Gehirns, der für Lernen und räumliche Erinnerung zuständig ist – grösser als bei den Tannenmeisen, genauso wie der Hippocampus bei Londoner Taxifahrern grösser ist als bei gewöhnlichen Fussgängern.

Doch weg aus den englischen Forschungslabors und zurück in den Spiezer Garten. Auch die Drosseln kannte ich lange Zeit nur aus dem Lied von den Amseln, Finken und Staren, und auf einmal sind sie da, belagern Vogelbad und Brunnen und zanken sich mit den Amseln darum, wer zuerst ins kühle Nass darf. Angesichts des regen Badetreibens lässt sich auch die Vogelhierarchie ausgezeichnet studieren: Männchen vor Weibchen, Grosse vor Kleinen (so wie es sich gehört, hätte mein Vater gesagt) – sie plustern, flattern und spritzen, bis ihre Flügelschläge die Steinschale fast leer gefegt haben. Dazu keckern im Hintergrund die Elstern, rätschen die Eichelhäher, leiert der Wendehals, schnalzen die Stare, schlägt der Kuckuck, zilpzalpt der Zilpzalp, ein bisher von mir nicht identifizierter Vogel schreit «papazissis, papazissis» (Grieche sucht Griechin?), ein anderer ebenso unbekannter ruft «günstig, günstig» (das Wetter? die Futtersituation? die Laune der Gefährtin?), und das Gurren der Ringeltauben in den Buchen erinnert an idyllische Bootsferien in Frankreich.

Alle Krähen, Buch- und Distelfinken, Wintergoldhähnchen, Zwergkönige, Mäusebussarde, Bluthänflinge, Schwalben, Käuzchen und Fledermäuse (ich weiss, keine Vögel, aber die dämmrigen Flatterdinger gehören einfach dazu) mögen mir verzeihen, dass ich sie hier nur summarisch abhandle. Denn ein letztes Wort gehört meinen heimlichen Lieblingen, den Milanen. Die ersten, die Ende Februar über den Bäumen auftauchen und mit ihrem melancholischen Schrei die Luft zerteilen, begrüsse ich wie lange vermisste Freunde. Vor ein paar Jahren noch zogen bei Sonnenuntergang oft bis zu dreissig der eleganten Raubvögel ihre Kreise über den Wipfeln. Sie folgten einem geheimnisvollen Ruf, der sie aus der ganzen Region zum abendlichen Treffpunkt über dem Spiezberg lockte. In letzter Zeit sind es nur noch wenige, die sich zum Dämmerungsreigen einfinden. Doch wenn sie anfangs August jeweils wieder gegen Süden aufbrechen, ist es noch immer, als ob sie den besten Teil des Sommers mit sich nähmen.

Gerlinde Michel (1947), geboren in Bern, lic. phil. hist. Englischlehrerin, Leiterin einer internationalen Jugendaustauschorganisation, Redaktorin einer Fachzeitschrift. Verheiratet, eine erwachsene Tochter. Lebt in Spiez.

Publikationen: 2006: «Alarm in Zürichs Stadtspital», orte-Krimi. 2008: «Cézanne in Zürich?», orte-Krimi. 2012: «Frei willig», Roman, edition 8 Zürich. 2015: «Der Brief», Roman, edition 8 Zürich

KARTOFFELN
Markus Michel

Der Mensch stammt von der Kartoffel ab. Das lässt sich vom Aussehen und Benehmen einzelner Exemplare noch deutlich ableiten. Kein Grund zum Erschrecken. Dass sich etliche wie Bratkartoffeln von der Sonne braten lassen, ist das eine. Dass Kinder gerne Pommes frites essen, das andere. Das beweist aber noch nichts. Trotzdem. Es wurde nach jahrzehntelanger Forschung von Prof. Dr. Peter Hacke nachgewiesen. Der Ausdruck «Kartoffeln im Schlafrock» für Pellkartoffeln (übrigens auch im Französischen gebräuchlich: Pommes de terre en robe de chambre) kommt nicht von ungefähr und bestätigt seine These. Dass heisse Kartoffeln sich gerne ausziehen, beziehungsweise pellen lassen, zeigt eine verblüffende Übereinstimmung in der Erotik.

Bereits als Kind litt Hacke Peter unter den Hänseleien, die sein Name verursachte. In der Schweiz wäre er ungeschoren davongekommen, der Ausdruck Hackepeter ist hier nicht gebräuchlich, man kennt nur Tatar und Hackplätzli. Aber Hacke Peter ging eben in Deutschland zur Schule. Sein Name war denn auch der Auslöser, sich mit der Evolution auseinanderzusetzen. Alles Fleischliche, insbesondere Gehacktes, war ihm zuwider, so war denn für ihn die Erkenntnis, dass der Mensch von der Kartoffel abstammt, eine grosse Genugtuung. Das Fleischliche und die Fleischeslust entwickelten sich erst im Laufe von Jahrtausenden, wenn auch eine gewisse Kartoffellust nicht abgestritten werden kann. Der Hinweis, die Kartoffel sei erst von Kolumbus nach Europa gebracht worden, besagt natürlich nichts, denn es gab sie ja vorher in Südamerika.

Aus der Kartoffel entwickelte sich der Kartoffelkäfer, aus dem Kartoffelkäfer der Kartosaurier, aus dem Kartosaurier der Dinosaurier, aus dem Dinosaurier das Huhn (es verdient also unseren Respekt und ist weniger dumm, als wir denken), aus dem Huhn der Wurm (man könnte es auch eine Rückentwicklung nennen, doch das ist gar nicht so aussergewöhnlich, auf jeden Fall liebt das Huhn immer noch den Wurm, ob es auf Gegenseitigkeit beruht, ist schwer zu sagen), aus dem Wurm entwickelte sich der Fisch (wahrscheinlich ging er zu oft baden, und nicht nur das Huhn, auch der Fisch hat den Wurm zum Fressen gern), aus dem Fisch die Fischrute (von den Deutschen fälschlicherweise Angelrute genannt), aus der Fischrute der Baum, aus dem Baum der Affe (sie klettern immer noch gerne darauf herum) und aus dem Affen, wie wir wissen, der Mensch. Und durch all diese Entwicklungsstufen hindurch – die durchaus ihre Spuren hinterlassen haben dürften – ist der Mensch noch immer geprägt von der Kartoffel, seiner Urmutter.

Es gibt rund hundert Kartoffelsorten, von den meisten kennt man nicht einmal den Namen, auch hier eine Übereinstimmung mit dem Menschen. Es gibt festkochende und mehlig kochende Kartoffeln. Bei den Menschen spricht man von Hartgesottenen und Weichlingen oder von Machos und Softies. Aber auch die Hartgesottenen werden weich gekocht, und die Softies geben einen guten Brei.

Eine besondere Erwähnung verdient die Rösti. Geraffelt in der Pfanne, wird sie nach einer gewissen Zeit gewendet. Nicht nur Politiker verdanken ihren Erfolg dieser Methode, um auf beiden Seiten goldgelb zu glänzen.

Wie bei den Menschen, gibt es auch bei den Kartoffeln verschiedenfarbige. Bei gewissen Äusserungen werden gewisse Menschen rot und nach reichlichem Alkoholgenuss sind sie blau.

Der Ausspruch «rin in die Kartoffeln, raus aus die Kartoffeln» hat zwar nichts mit dem Liebesakt zu tun, aber es menschelt auch hier.

Wenn man Kartoffeln zu lange im Keller lässt, entwickeln sie im Frühling Triebe und sind ungeniessbar. Das gleiche gilt für Dichter. Wenn man sie zu lange im Keller lässt, sind sie ebenfalls ungeniessbar. Ihre Triebe sind zwar lustig, manchmal traurig, stimmen nachdenklich, im besten Fall alles zusammen, aber sie sind giftig. Nötige Vorsicht ist also geboten. Von einem Verzehr ist, wenn immer möglich, abzusehen, es könnte im schlimmsten Fall zu Veränderungen des Denkens und Fühlens führen. Hingegen lassen sich die Triebe bedenkenlos bewundern, was der Kartoffel, beziehungsweise dem Dichter, schmeichelt, auch wenn sie, die Kartoffel, er, der Dichter, sich nichts anmerken lassen.

All dies liesse sich übrigens auf alle Künstler übertragen, falls sie denn im Keller überwintern. Im Gegensatz zur Kartoffel ist jedoch davon abzuraten, sie, die Künstler, kühl zu lagern. Da spielt eine gewisse Dekadenz mit.

Die langwierigen Forschungsarbeiten von Prof. Dr. Peter Hacke (Hackepeter) führten schliesslich zum Ergebnis, dass nicht nur die Künstler, sondern alle Menschen ungeniessbar werden, wenn sie zu lange im Keller lagern, womit bewiesen wäre: Der Mensch stammt von der Kartoffel ab.

Diese Erkenntnis führte zu vielseitigem Spott, zu Unverständnis, Ablehnung, Anfeindungen und Pöbeleien, denen Prof. Dr. Peter Hacke (Hackepeter) ausgesetzt war und ist, viel schlimmer noch als die Hänseleien wegen seines Namens, der, wie erwähnt, der eigentliche Auslöser seiner Nachforschungen war. Von mehreren Zeitungen wurde er einfach als Störenfried abqualifiziert. Bei seinen Vorträgen bewarf man ihn nicht nur mit Torten und Tatar, auch mit Kartoffelsalat, worauf eine Anklage wegen Störung von Ruhe und Ordnung erhoben wurde, und zwar gegen den Professor.

Doch Prof. Dr. Peter Hacke (Hackepeter) blieb standhaft. Der Mensch stammt von der Kartoffel ab. Und Kartoffelsalat schmeckt prima. Wenn auch vorzugsweise auf einem Teller serviert.

———————

Markus Michel (1950), lebt in Bôle.

Publikationen: u. a. «Festtage – und andere Katastrophen», Erzählungen, 2016, «Pfirsich im Kopf», Aufzeichnungen und Gedichte, 2005, «Reise nach Amerika», Roman, 1991. Theaterstücke an Bühnen in der Schweiz, Deutschland und Litauen. Hörspiele bei Radiosendern in der Schweiz, Deutschland, Österreich, Italien, Norwegen und Japan.

EINE KLEINE NACHTMUSIK
Konrad Pauli

Er liebte die Musik, war aber nicht bloss Hörer, sondern selbst leidenschaftlicher Musiker. Sein Lieblingsinstrument war das Cembalo – und bald einmal übernahm er auch Dirigate, mit Vorliebe für Werke von Johann Sebastian Bach. Als Leiter des Städtischen Gesangvereins rief er ein ad-hoc-Orchester ins Leben und erarbeitete die «Matthäus»- und die «Johannespassion». Es kamen auch Werke der Klassik dazu, die «Schöpfung» von Joseph Haydn. Auch Beethovens «C-Dur-Messe» wurde aufgeführt. Man begegnete seinen Unternehmungen nicht nur mit Respekt, sondern auch mit Bewunderung.

Allmählich wuchs er so in eine Position hinein, die man sich im städtischen Musikleben und darüber hinaus nicht mehr wegzudenken wünschte. Er war zur Instanz für sorgfältig einstudierte Aufführungen – getragen, ja, durchblutet von glühend-beseelter Interpretation – geworden. Auf ihn war Verlass. Sah man auf den Litfasssäulen das neue Konzertplakat, so reservierte man schnell Plätze, um das bevorstehende Erlebnis ja nicht zu verpassen. Unter seiner Vorarbeit und Stabführung konnte nichts schiefgehen.

Regelmässig und seit Jahren beugte er sich über das Cembalo – stundenlang, jeden Tag. Vernarrt war er in die Partituren; gleichsam besessen zeichnete er ihre Strukturen nach, mit einer Hand, mit beiden Händen. So war er auf unermüdlicher Entdeckungsreise und förderte auch Werke zutage, welche die längste Zeit im Verborgenen gelegen hatten. Ausdauernd pflegte er diese Fundstücke und mischte sie unter Bekanntes, ja Berühmtes. Die Agenda war für seine Auftritte stets zu dünn, das Jahr zu kurz. Was ihm vorschwebte, was er dem Publikum darzubieten wünschte, war Stoff für Jahre, für ein ganzes Leben.

Noch war er für die Verwirklichung jung genug. Die leidenschaftliche Erfülltheit seiner Tätigkeit liess ihm die Tage, die Wochen kurz erscheinen. Jahreszeiten flogen dahin. Fertig war er nie. Legte er etwas auf die Seite, so drängte gleich Anderes nach. Er war glücklich. Und war so in sein Glück vertieft, dass er es kaum wahrnahm.

Rauschte ihm der Applaus entgegen, so war er versucht, zu sagen: Wartet ab, noch hat's viele Schätze in den Archiven, wunderbare Musik wartet zu Hause auf meinem Stapel.

Getragen vom Beifall, vom Augenblick, huschte er flugs ins nächste Projekt.

Auf Dauer ging das ohne Schaden nicht ab. Das stundenlange Sitzen vor dem Cembalo, seine Versunkenheit in Technik und Klang beugten seinen Rücken, jagten ihm auch Schmerzen in den Nacken. Inzwischen ging er gekrümmt durch die Gassen, über die Plätze. Es war, als wolle er jederzeit in die Tasten greifen und dem Unerhörten Ausdruck verleihen.

Bloss nichts aufschieben, sonst geht es verloren!

Im Innersten aber hielt er sich aufrecht, inspiriert von der Musik, die stets seine Begleiterin war. Mühevoll war's, den Kopf und Blick zu heben – am liebsten war er den Partituren zugewandt. Auch hier geriet nicht alles schmerzfrei, aber das Musizieren verscheuchte die Stiche. Vorübergehend. Der Arzt teilte ihm mit, dass jede auf die Dauer ausgeübte Verbiegung diesen Preis fordere. Medikamente, Salben und ein paar gymnastische Übungen brachten Linderung. Vorübergehend. Doch das Übel liess sich nicht aus der Welt schaffen. Den Anforderungen des Geistes hatte sich der Körper anzupassen. Stand er vor dem Chor, dem Orchester, so zwang er sich zum aufrechten Gang, was ein paar Atemzüge auch gelang. Liess ihn das Dirigieren den Defekt vergessen, so krümmte er sich, agierte sozusagen von unten herauf, fiel in sich zusammen, um mit Unerbittlichkeit die Dramatik und Schönheit aus den Tönen herauszumeisseln. Schaffte er es, glückte ihm auch das Aufrechtstehen. Für eine Weile.

Ging er in der Stadt umher, fiel er aus Unachtsamkeit und Schwäche in den alten Trott. Sah er sich in Schaufenstern mit seinem Spiegelbild gehen, nahm er Anlauf zu einer Ohrfeige. Er schämte sich, dass Andere ihn so sahen, so sehen mussten. Die Anderen waren nicht die Passanten ringsum – die Anderen waren der Chor und das Orchester.

Sie aber respektierten seine Fähigkeiten, folgten ihm willig und mit Begeisterung. Je gekrümmter sein Körper wurde, desto aufrechter gab er sich als Interpret. Vielleicht bildete er sich dies auch bloss ein. Hartnäckig hielt er aber daran fest. Es gab dafür keinen Ersatz.

Gleichwohl hatte er mit allem seine liebe Not. Eckig und kantig gerieten seine Bewegungen, der Körper widerstand den Forderungen des Geistes, seiner Vision. Jetzt, wo er ein halbes Leben lang so viel angesammelt hatte an Reichtum musikalischer Werke und an Fertigkeiten, wollte ihn sein Körper im Stich lassen. Stand er vor Orchester und Chor, mochte es noch gehen. Bei den Proben konnte er sitzen. Genervt schob er zuweilen den Stuhl beiseite. Seht, ich brauche ihn nicht.

War er auf Stadtgängen aber allein unterwegs, so war ihm sein Zustand wohl bewusst. Die Vorstellung, bald könnte ihm alles, wofür er gekämpft hatte, was sein Lebensinhalt geworden war, abhandenkommen, erschreckte ihn und brachte seine Schritte durcheinander. Statt Ergebenheit, sammelten sich Wut und Zorn in ihm – und er musste aufpassen, um nicht loszuschreien und jemandem auf die Füsse zu treten. Er wusste nicht, wohin mit seiner Energie, die in einem derart verkrümmten Körperbündel gefangen war.

Wie von böser Absicht ihm zugedacht, spielte ein Strassenmusikant unter den Arkaden *Eine kleine Nachtmusik* von Mozart. Nein, von Spiel konnte nicht die Rede sein. Es war unmöglich, rasch an ihm vorbeizugehen und ihn zu vergessen. Das Hickhack der unmusikalischen Abfertigung irrlichterte in seinem Gemüt und krallte sich in die Ohren – der Mann musste zur Rechenschaft gezogen werden. Der bucklige Cembalist und Dirigent ging mit Drohgebärde auf den Strassenmusiker zu und brüllte ihn an, er solle seinen Drecksgesang, diese Verhunzung sofort beenden und abhauen. Statt Gehorsam erntete der Cembalist ein höhnisches Grinsen. Dabei spuckte der Strassenmusiker dem Ankläger vor die Füsse. Also war die Folge eine rasch hingesetzte Ohrfeige – und sofort nahmen hilfsbereite Passanten Partei für die ihnen bekannte, heiss geliebte *Kleine Nachtmusik*, spannten den Buckligen in kräftige Arme und riefen nach der Polizei. Der Bucklige wusste genau, wie ihm geschah – es war sein letzter Einsatz *gegen* die Verstümmelung und *für* die Musik. Gewinnen konnte er nicht – mit der Niederlage musste er sich erst einmal abfinden.

Konrad Pauli, geboren und aufgewachsen in Aarberg, Volontariate bei diversen Zeitungen, Redaktion Kunst, Bieler Tagblatt, Kurztexte in Bund, NZZ, BZ, Stuttgarter Zeitung.

Letzte Publikationen: Marcos Blicke ins Seeland, Edition Isele, 2013; Weitergehen, Edition Isele, 2014; Ein Romantiker in nüchterner Zeit, Erzählungen, Collection Montagnola, 2016.

WÄHLEN
Lorenz Pauli

Rigo, der Leopard, lag auf seinem Lieblingsplatz. Er sah zu Rosa hinüber. Die Maus sass schon ein Weilchen still im Sand des Leopardengeheges. Vor ihr lagen ein Kaugummipapier, eine Eichel und eine Nuss. Rosa sah sehr ernst aus. Rigo ging zu ihr hin.

«Was machst du?», fragte der Leopard leise. Rosa schrak aus ihren Gedanken auf: «Ich versuche, mich zu entscheiden. Ich habe verschiedene Möglichkeiten. Soll ich die Eichel fressen? Sie ist bitter, aber macht satt und ist leicht zu knacken. Oder soll ich das Kaugummipapier fressen? Es riecht unglaublich erdbeerig. Viel erdbeeriger noch als jede Erdbeere. Dafür bekäme ich dann bestimmt Bauchschmerzen vom Papier. Oder soll ich die Nuss fressen? Sie ist gut für den Mausemagen, fein im Geschmack, aber schwer zu knacken. Es ist schwierig, das Richtige zu wählen.»

Rigo nickte: «Es ist aber auch schön, wählen zu können …»

«… gar nicht schön!», schimpfte Rosa. «Denn wenn ich die Eichel fresse, denke ich: Ich hab mich falsch entschieden. Die ist bitter. Pfui Teufel! Und wenn ich Bauchschmerzen habe vom Kaugummipapier, denke ich: selber schuld, Doofmaus! Und wenn ich die Nuss aufknabbern muss und das so lange dauert, denke ich: Ich verhungere, noch während ich da knabbere! Alles hat Nachteile.»

Rigo schnupperte am Kaugummipapier. Es roch wirklich sehr erdbeerig. Dann sagte der Leopard zur Maus: «Rosa, sieh nicht alles so schwarz. Du kannst es auch so anschauen: Egal, wie du dich entscheidest, es hat etwas Gutes. Praktische Eichel! Feine Nuss! Duftendes Kaugummipapier! Die Welt ist schön, was auch immer du wählst: Hauptsache, du wählst etwas. Denn wenn du dich nicht entscheidest, dann verhungerst du wirklich noch.»

Rigo wusste, dass Rosa darüber in Ruhe nachdenken musste, und ging zurück zu seinem Lieblingsplatz. Von dort aus sah er Rosa zu, wie sie die Eichel knackte und die Nuss aufknabberte. Danach strich sie das Kaugummipapier glatt und legte den Nusskern und die offene Eichel auf dieses erdbeerige Tischtuch. Ganz zufrieden frass sie von der Nuss und von der Eichel und schnupperte dazu an ihrem erdbeerigen Tischtuch.

(bisher unveröffentlichte Geschichte, die eigentlich in das Buch «Rigo und Rosa», Atlantis Verlag, 2016, gehört hätte)

Lorenz Pauli (1967). Die Bank, in der er die Lehre absolvierte, gibt es nicht mehr. Das Kindergartenseminar, das er besuchte, gibt es nicht mehr. Das Institut, in dem er eine Ausbildung zum Erwachsenenbildner machte, gibt es nicht mehr. Heute ist Pauli freier Autor für Kinder. Die gibt es noch.

Bibliografie auf seiner Homepage www.mupf.ch.

ONTARIO. MINNESOTA. SASKATCHEWAN
Thomas Röthlisberger

«Was soll aus dem Kind nur werden?», hatte Mama geseufzt.

Ich war sieben Jahre alt, beinahe acht, als sie das sagte. Sie hatte es früher bereits gesagt, nur kann ich mich nicht mehr daran erinnern.

An dem Tag, an den ich mich erinnere, dass sie es sagte, fischte ich aus der Suppe die kleinen Buchstaben aus Hartweizengriess und schob sie auf dem Tellerrand zu fantastischen Wörtern zusammen.

Ontario. Minnesota. Saskatchewan.

Ich schrieb sie natürlich nicht so. Ich hatte ja gerade erst schreiben gelernt. Aber man konnte erraten, was es heissen sollte.

Mama schüttelte den Kopf. Sie begriff nur, dass ich die Suppe nicht essen wollte. Es war nicht so, wie sie dachte. Es hatte nichts damit zu tun, dass ich das Essen verschmähte.

«Aha», sagte Papa. «*O-n-t-a-r-i-o.* So muss das heissen.»

Ich nickte.

«Iss jetzt», mahnte Mama. «Die Suppe wird kalt.»

«*Sas-ka-tche-wan*», buchstabierte Papa.

«Hör auf», sagte Mama. «Mach den Jungen nicht verrückt.»

«Das ist aus Papas Indianerbuch», sagte ich.

Er besass aus seiner Jugend ein Buch mit farbigen Bildchen, die er damals selber eingeklebt hatte. *Lederstrumpf* und *Der letzte Mohikaner* hiessen die blutigen Geschichten. Wenn Grossmutter, Vaters Mutter, Waschmittel der Firma Steinfels kaufte, gab es dazu die Bilder zum Sammeln.

«Nun wollen wir uns aber doch ans Essen machen», meinte Papa, nachdem er Mamas Blick aufgefangen hatte.

«Indianer essen aber Büffelfleisch», sagte ich.

«Wir sind keine Indianer», sagte Mama, und ihre Stirn sah aus, als habe jemand Kerben hineingeritzt.

«Ich glaube fast», sagte Papa, «dass die Indianer lieber Buchstabensuppe gegessen hätten als zähes Büffelfleisch.»

Er führte den Löffel zum Mund und setzte ein Gesicht auf, das ich sehr wohl kannte.

«Es ist jetzt besser du schweigst und machst, was sie sagt», hiess es.

Er war ein Vorbild an alter indianischer Weisheit.

Ich starrte in meinen Teller, wo sich die Zeichen wie von selbst zu einem neuen Wort formten. Ich schrieb es auf den Tellerrand. Es waren nur drei Buchstaben.

«Iss jetzt!», sagte Papa, und seine Stimme hatte nicht mehr denselben Klang wie zuvor.

«Was hast du da geschrieben?», fragte Mama.

«So etwas schreibt man nicht», sagte Papa und wischte die Buchstaben in die Suppe zurück. «Weisst du überhaupt, was das bedeutet?»

Ich nickte.

«Was weisst du?», fragte Mama.

«Was *tot* heisst», antwortete Papa an meiner Stelle.

Einen Augenblick blieb es still. Der Kühlschrank hinter meinem Rücken begann zu rumpeln. Er brummte wie ein alter Bär, den man aus dem Winterschlaf geweckt hat. Sobald der Kühlmechanismus in Gang kam, wurde das Gerät wie von einem kleinen Erdbeben erschüttert.

«Aber», sagte Mama schliesslich stockend, «es ist doch gar niemand gestorben.»

«Doch», sagte ich.

«Sitzen wir nicht alle da und sind quicklebendig?», fragte Papa.

Ich schüttelte den Kopf.

«Ach so», glaubte er zu erraten, «die Indianer.»

«Grossmama», sagte ich leise.

Mama starrte mich erschrocken und ungläubig an.

«Grossmama isst noch genauso gern Suppe wie wir», behauptete Papa.

«Ich habe das Käuzchen gehört», murmelte ich.
«Das Käuzchen!», lachte Papa. «Das wird nur den kleinen Nagern im Wald gefährlich.»
«Er hat das Käuzchen gehört», flüsterte Mama.
«Blödsinn!», sagte Papa ärgerlich. «Hier gibt es keinen Wald. Hier hört man nur die Strasse.»
Der kleine Bruder, der im hölzernen Kinderhochsitz sass, schlug mit dem Löffel in seinen Suppenteller, weil niemand ihn beachtete. Mama nahm ihm den Löffel aus der Hand. Da patschte er mit seiner winzigen Faust in die Flüssigkeit, dass es bis auf den Tisch spritzte. Als Mama ihm auch den Teller wegnahm, begann er zu schreien.
Ich löffelte meine Suppe aus, immer darauf bedacht, den Buchstaben auszuweichen. Schliesslich lagen sie zu einem Häufchen geschichtet in der letzten kleinen Pfütze. Als Mama gerade nicht hinsah, schob Papa sich den Berg nicht geschriebener Wörter auf seinen Löffel, führte ihn zum Mund und kaute lange und bedächtig daran.
Drei Wochen später war Grossmama tot. Sie war ganz plötzlich an einer Lungenentzündung gestorben.
«Was soll aus dem Kind nur werden?», hatte Mama geseufzt.
Ich bot ihr immer wieder Gelegenheit, den Satz zu wiederholen. Dann schlug sie die Hände über dem Kopf zusammen oder, wenn es ganz schlimm war, bedeckte sie mit ihnen das Gesicht. So kam es, dass ich mich schuldig fühlte, wenn jemand starb und ich es vorausgesagt hatte. Dem pensionierten Nachbarn, der seine Nase überall hatte und sich immer noch die Rechte herausnahm, die er als Hauswart gehabt hatte, trauerte Mama nicht nach. Als mein Käuzchen jedoch für das Neugeborene im zweiten Stock schrie, kannte sie kein Erbarmen mehr. Sie schlug mich. Das tat sie sonst nie.
«Hör auf!», schrie sie. «Sag nie mehr so etwas! Ich will nicht, dass mein Kind anderen den Tod bringt!»

Als hätte ich das gewollt! Ich glaubte nicht, dass der Tod wirklich das Ende war, dass die Geschichten im Sarg miteingeschlossen wurden. Grossmamas Geschichte ging doch weiter. Im Himmel, denn dort war sie doch jetzt.

Und Grosspapa? Jeden Abend hatte er mit einem Schlüssel die hölzerne Uhr aufgezogen, die braun und breit wie ein seltsames Tier auf dem Buffet in der Stube hockte.

«Wenn du es einmal vergessen würdest?», hatte ich gefragt.

«Dann wäre es am Morgen immer noch mitten in der Nacht», erklärte er, «weil die Zeiger dort stehengeblieben wären: um Mitternacht.»

Wäre dann auch die Geschichte zu Ende gegangen? Und welche? Nur die von Grosspapa?

Es war umgekehrt: Als er starb, blieb die Uhr stehen. Niemand zog sie mehr auf.

Nach Mamas Ausbruch schwieg ich. Der Säugling im zweiten Stock lag einige Tage später leblos in seinem Bettchen. Mama weinte mit ihrer Nachbarin, als sei ihr eigenes Kind gestorben. Ich ging ihr aus dem Weg. Wenn ich das Käuzchen hörte, hielt ich mir die Ohren zu. Ich wollte nicht länger wissen, wer auf der Liste abgehakt worden war. Ich kniff die Lippen zusammen, nahm Papas Indianerbuch und verschwand irgendwo zwischen den abgegriffenen Seiten, an denen Blut klebte.

(Auszug Romanprojekt)

Thomas Röthlisberger (1954), geboren in Ittigen, lebt in Bern. Für seine Lyrik ist der Autor mehrfach ausgezeichnet worden.

Seit 1991 hat er mehrere Romane, Erzählungen und Lyrik veröffentlicht. Zuletzt erschienen sind «Zuckerglück» (Roman 2010) und «Die letzten Inseln vor dem Nordpol» (Erzählungen).

FADEGRAD GREDIUSE PLODERET
Christine Rothenbühler

Dass ig öppedie nach emene Uftritt agsproche wirde, gob ig ou Äxtrasache miech, syg's für'ne Alass wie'ne Geburtstag, es Hochzyt oder für süsch öppis, das isch nüt Ussergwöhnlechs. Das passiert ou angerne, wo uf dr Bühni stöh.

Letschthin aber, da ha'ni e rächt spezielli Afrag übercho. Für'ne Stadtrundgang z'Bärn.
«Es sött so richtig Bärndütsch sy», het's gheisse, «aber ke Sinn mache.»
Öppis, wo ke Sinn macht, uf Bärndütsch? Vo mir? Hoppala! Het's das scho mal?
I ha dr Stier packt, u syni Hörner obedruf.
Wie'ner het gmöögget? Losit nume grad sälber.
«Guggumerekomod, dass öppis vo köschtlech isch das», het dr eint Pfumutz dr anger gstüpft, wo sie zäme uf dr Matte däsumetroolet si.
«Zum fadegrad dr bärschtig Hoger zdüruf Salbadere..»
«… und äne chrüzchümig grad wieder zdürab.»
«Genau! Hüet sech da e verluusti Bettfädere stäcketööri blöd wie'ne Troll, nid zum Fäijschter us z'gheije «…»
«… we dr Suntig am Samschtig hingernachetechlet «…»
«… u d Schlaflüüs sydefyn fräch mit dr Morgesunne plodersürmlig tubetänzerisch wärde.»
Die beide verchutzt verstrublet tublig kurlige Wäse hei sech schier nid chönne sattgigele abenang u sech eis laferitrömligs Guguseli nam angere i ds Flankerych gmüpft.
«U hesch scho einisch sys Visäschegsichtli gseh?»
«Dr reinscht Runzifall.»
««… für's nume grad mit dem Vorname abzklaviere.»

«Güferi sech da dr Mond sapprischtig verlätscht süferli, nid tillerwättrig verwattet zum Chäschessi us z'gheije!»
«We'ne dr Pyscht agirafft?»
«U dr Paggli no grad derzue.»
«Vom Tüüfel nid z'rede..»
«Das Schouspil wetti ja gseh ha, we dr Hörnligödel wieder eis dr Huufemarsch hingerdsi bschüttet überchunt.»
«Im Hingerdsigang?»
«Unbedingt! Nume äbe, mit grad emal zwone, dreijne nachegleijte Cholene, da chropfet's eim nid so gschwing im Gröijbschi.»
«Da wird eim höchschtens ds Füdli e chly warm.»
«Aber nid üs..»
«Und scho gar kere Häx.»
«Welere scho? Dere nätt verflüemerete, wo da d Wält dr verchehrt Wäg äij Wäg ume vom Bäsestil obenache gseht?»
«Genau dere.»
«Wieso?»
«Die het doch am Tüüfel …»
«Waseliwas?»
«Nüschtinüt …»
«… d Huufe putzt?»
«U ds Mösch no grad derzue.»
«Hällochtigscht Himugueg, jitz chume'ni nache. Drum het's däm d Hörner derewä zdüruf verchrottet.»
«U de no wie!»
«Füdleblutt u fadegrad.»
«Flügellahm …»
«U das em Fürscht …»
«…vor Fyschteri.»
«Stell sech das eine vor!»
«Ärvelisturm u müntschizahm.»
«Und jitz hockt er da i syre Höll.»

«...u dümmelet.»
«Dä arm ...»
«Nuggelig schnuggelig ...»
«U d Häx bürschtet ihm dr Bäse.»
«Uf dass er'ere gly wieder eis uf ihre Stil hocket.»
‹Tubellöu, was er isch ...»
«... u blybt ...»
«U scho gäng isch gsi.»
«Göh mer gah luege?
«Wie's ihm geit?»
«We'ner steit ...?»
«U nid scho hocket ...?»
«Hüt znacht.»
U scho si sie dervotubet.

Trümlig blau, ordeli verchalbt wie›nes quervermieschts Tropetier ha'ni ds Liecht welle adräijhe, für die beide Wäse gneuer unger d Hüpple z'näh. Aber chuum ha'ni d Hang usgstreckt, bi'ni o scho verwacht. U platsch, si sie wäg gsi. Furt. Verby..

Voilà, eso geit das, we'me näbenus tschalpet u bym hällheitere Tagesliecht afaht tröijme! Und überhoupt, liebi Läserinne u Läser, häbit eifach e lafrig fräche Tag, e gmögig hilbe Hinech u'nes ordeli verchalbts, rückwärtsgsicheret Vorwärtstschalpe, bym Laferiträömli Schmyde, und o süsch. Machet's guet!

Christine Rothenbühler ist mit Geschichten, Sagen und Märchen aufgewachsen. Seit 2003 verwebt sie diese wortgewandt und im träfen Dialekt in feine Programme. Mit ihren belebten, feurigen Auftritten fesselt und fasziniert sie das Publikum.

Veröffentlichungen: «Sämichatzes Schatz», Schürch, Huttwil 2005; «D Späckomelette. Gruslegi Sage us de Alpe», Hörmal, Bern 2008; «Ds Verspräche. D Sag vom chlyne Tisch», Tischlein deck dich, Winterthur 2009; «Ds chutzelige Packpapier. Es Wiehnachtsmärli us em Warehuus», Hörmal, Bern 2009. Informationen: sagerin.ch

GORGONZOLA
Sandra Rutschi

An ihrem 52. Hochzeitstag beschloss Erna, Hans in der Autobahnraststätte sitzen zu lassen. Während er bei einer Tasse Kaffee darauf wartete, dass seine Frau vom Klo zurückkehren würde, schlich sie zurück zum Parkplatz, startete den Wagen und fuhr davon. Lange Zeit war sie nicht mehr hinter dem Steuer gesessen, man entwickelt seine Gewohnheiten während 52 Jahren Ehe – und Hans war der bessere Autofahrer. So fand er zumindest, und Erna hatte ihn in diesem Glauben gelassen. Mit einem selbstsicheren Lächeln gab sie Gas und fuhr südwärts.

Hans hatte ja keine Ahnung!

Seit Monaten hatte Erna ihre Flucht geplant. Sie hatte in der Pension angerufen, während er draussen im Garten werkelte, nutzte seine nervtötende Sucht nach Bewegung an der frischen Luft aus. Hans hatte nicht einmal Verdacht geschöpft, als am Abend vor ihrem Hochzeitstag plötzlich so viele Kleider im Schrank fehlten, weil Erna bereits den Koffer gepackt und im Kofferraum verstaut hatte. Er hatte vorwurfsvoll etwas von «bald wieder einmal waschen» gemurmelt und war zu ihr unter die Decke geschlüpft.

Hans hatte wirklich keine Ahnung.

Während sie durch den Gotthardtunnel fuhr, fragte sie sich, ob er immer noch in der Raststätte festsass. Es dauerte manchmal eine Weile, bis er begriff. Und dass sie ihn nach 52 Jahren Ehe am Strassenrand aussetzen würde – damit rechnete Hans bestimmt nicht. Aber es war höchste Zeit, das hatte Erna schon lange gefühlt. Seit Jahren hatte sie gewusst, dass dieser Moment kommen musste.

Als sie am Lago Maggiore ankam, war Erna erschöpft vom ungewohnten Autofahren. Sie parkierte den Wagen vor der Pension und bezog das Zimmer, in dem sie sich zwei Nächte lang ausruhen würde. Dann wollte Erna weiter, südwärts, bis ans Meer, wie damals. Sie hatte schon alles gebucht.

Als sie die Vorhänge beiseiteschob, war vieles wie früher. Die Aussicht auf die Brissago-Inseln, wo sie zuletzt vor über fünfzig Jahren durch den botanischen Garten geschlendert war. Und die Pizzeria unten an der Ecke, wo sie sich damals am Vorabend dermassen den Magen verdorben hatte, dass sie seither keinen Gorgonzola mehr ass. Vor einigen Wochen hatte sie Hans diesen Käse aufgetischt, obschon sich ihr schon beim Duft der Magen umdrehte. Es war noch immer Hans' Lieblingskäse, und er hätte ihn gerne öfters auf dem Tisch gesehen. Doch an diesem Abend hatte er ihr nicht einmal für ihr Opfer gedankt, er hatte nicht einmal bemerkt, wie sie gegen den Brechreiz kämpfte.

Erna streckte sich und legte sich aufs Bett. Mittendrauf, nicht nur auf jene Hälfte, die ihr seit 52 Jahren noch zustand.

Hans war selber schuld. Er hätte längst merken sollen, was los war.

Als Erna nach einem ausgedehnten Nickerchen in die Pizzeria an der Ecke ging, lächelte der Kellner. «Sie werden bereits erwartet, Signora.»

Ernas Herz begann vor Aufregung zu klopfen. So früh hatte sie nicht mit ihm gerechnet. Wie sie sich gefreut hatte auf diesen Moment, in dem sie ihn wiedersehen würde! Ihn, die Liebe ihres Lebens, von der sie bereits zu lange Zeit getrennt gewesen war. Er war also schon da, in ihrem Restaurant, ganz wie sie es seit Monaten geplant hatte. Wie hatte sie bloss daran zweifeln können, dass er dieses Mal pünktlich sein würde!

Er sass vorne an einem Tisch direkt am See, trug ein edles Sakko und wandte ihr den Rücken zu. Eine Kerze brannte und er hatte ihren Lieblingswein bestellt. Hätte Erna noch den leisesten Zweifel gehabt, in diesem Augenblick wusste sie, dass ihre Entscheidung richtig gewesen war. Auch wenn sie dafür ihren ganzen Mut hatte zusammennehmen müssen.

Sie näherte sich von hinten, legte ihm die Hände auf die Augen und hauchte in sein Ohr: «Wie hast du mich so schnell gefunden?». Er stand auf und zog sie an sich, geschmeidig wie ein Mittfünfziger – die viele Bewegung an der frischen Luft hatte eben doch ihr Gutes. «Der Gorgonzola. Er *musste* der Hinweis auf unser nächstes Ziel sein. Unser erstes Abendessen zu zweit als Ehepaar, wie könnte ich das jemals vergessen!»

Erna lachte. Es klappte jedes Mal, seit 52 Jahren, immer an ihrem Hochzeitstag. Manchmal brauchte Hans zwei Tage, bis er sie fand an jenem Ort ihrer gemeinsamen Geschichte, den sie heimlich ausgesucht hatte. Manchmal musste er zuerst die Hinweise finden, die sie zu Hause hinterlassen hatte – und verspätete sich deshalb ein wenig. Doch dieses Mal hatte er sie sogar ohne die Brissago gefunden, die sie in der Badewanne deponiert hatte.

Hans küsste Erna. «Also fahren wir morgen nach Brissago, und dann weiter ans Meer, wie damals auf unserer Hochzeitsreise. Aber den Gorgonzola lassen wir dieses Mal weg.»

Sandra Rutschi (1979), arbeitet als Redaktorin bei der Berner Zeitung und ist nebenberuflich freie Autorin.

Nebst unzähligen Zeitungsartikeln hat sie zwei Bücher (Kriminalroman «Im Schrebergarten», Porträtband «Bern – Porträt einer Stadt») sowie etliche Kurzgeschichten veröffentlicht. Sie ist im Emmental aufgewachsen und lebt in Bern. www.sandrarutschi.ch.

FINGEROUGE
Yvonn Scherrer

We mi d Sangchaschtegspändli wider einisch hei usglachet oder nid mit mir hei wöue spile – mi chönni me nid bruuche, i heig ja keni richtige Ouge, nume Glasöiger –, weni när wüetig bi gsi oder truurig und mer säuber ha leid ta, de het myni Mama d Gschicht vom chlyne Bueb mit de Fingerouge vorgläse. Ganz stouz het si verzeut, di Gschicht heig e blindi Schriftsteuere gschribe.

Si het vomene Bueb ghandlet, wo de Erwachsene ire fyschtere Nacht ghulfe het. Si hei öppis verlore u verzwyflet gsuecht, aber natürlech nid gfunge, wüu ihri Ouge usser Gfächt sy gsetzt gsi u ihri Häng chlobigi Tütschi, wo nüüt hei bbracht. U när isch der Heud cho, dä Büebu, u het mit syne Häng der Bode abgsuecht u gfunge.

«We si di usspotte, dass du keni Ouge hesch oder nüüt gsehsch», het myni Mama resümiert, «de dänk eifach dra, dass du nid nume zwöi, sondern sogar zäh Fingerouge hesch.»

Mir het di Gschicht nid passt. Zersch emau hani nid rächt begriffe, wiso di blindi Schriftsteuere nid e Gschicht het gschribe vomne Meitschi. Wiso geng d Buebe d Chegele us em Füür hole, het mer nid i Chopf wöue. U när di Fingerouge! Nüüt gäge fyni Finger. Aber i ha genau gwüsst, dass me das nid cha verglyche. Si sy nume denn patänter, we ds Liecht usgeit. U wenn passiert das scho! Au Schautjahr einisch. We der Strom i üsem Hushaut usggangen isch, de isch es ganz ruig bblibe. Nach emne Wyli het öpper my Name grüeft. «Séraphine! Gang ga Cherze hole!» Das hani gmacht, ha myre Schwöschter oder der Mama d Cherze u ds Zündhouzschachteli i d Hang ggä, si hei ds Höuzli aazüntet u dermit d Cherze. U di Sach isch gritzt gsi.

Aber so richtigi Ouge, das isch scho öppis angersch. Di sy sooo schnäu. So gnau. So sicher. Da möge myni Finger nie nache. U di angere hei ja o zäh Fingerouge! Nume müesse si nid so viu üebe win ig, wüu si äbe no di zwöi angere hei!

Ouge sy myni Finger scho. Aber ganz angeri. Langsami. Ouge, wo langsam lehre u langsam begryfe. Aus Ching het mi das schampar gstresst, i ha ke Geduld gha. Es isch lang ggange, bis i se ha verstande. U ersch, woni Ben Hur gläse ha, hani ihres Gheimnis aafa begryfe u schetze.

Der Ben Hur het vier Füchs vore Rennwage gspannet. Vier Araber mit Stärnenäme. Gwunne het der Ben Hur das Renne, wüu er es Hängli un es Ougemerk het gha für e langsamscht vo syne Renner.

D Nase isch am schnäuschte im Wahrnäh. Hors de catégorie. D Nase het ihri eigete Gsetzmässigkeite oder Wäge, ihri ganz eigeti Logik, si schlöiset d Informatione am Tor vom Bewusstsy, am Thalamus, verby diräkt i d Chuchi vo de Gfüeu, i ds limbische Syschtem.

Vo de bewusste Sinne isch ds Oug ds Schnäuschte. Wyt uus. Gnau, scharf, ei Blick, u du hesch d Übersicht.

När chunnt ds Ohr. Das ewig offne, ewig zuegwändete. Gäge ds Oug isch es Ohr langsam, es nimmt sech Zyt.

Di Langsamschti isch d Hang. Der Wäg Yvonn Scherrer vor Hang i ds Hirni isch ja schliesslech o läng …

Im Louf vom Läbe hani tschegget: Ds Langsamschte isch hüüfig ds Schönschte:
Es füfgängigs Menü mit Pouse derzwüsche.
Der Liebschtling strychele, chüschte, verwöhne.
E Summeraabedämmerig im Norde.
E Hefeteig, wo d zwöimau laasch la habe.
E Roman mit nüün Bänd läse.
E Hang.

Aus «Hänglisch. Ein Hand-Buch», Cosmos Verlag, Muri BE

Yvonn Scherrer ist Theologin, Radiojournalistin, Buchautorin. Seit 1998 arbeitet sie bei Radio SRF 1 als Senderedaktorin. Mit sieben Monaten verlor sie wegen Netzhautkrebs ihr Augenlicht. Seit 2012 arbeitet sie in ihrem Duftatelier als Aromaberaterin und mischt eigene Duftkreationen.

2012 «Nasbüechli. Eine Duftreise», 2015 «Hänglisch. Ein Hand-Buch», 2017 «Böimig. Ein Lebensbuch», mit Zeichnungen des Ateliers Bundi. www.yvonnscherrer.ch.

HIMU U ÄRDE
Schlup Theresa

D Marie hauset vüre. Das gits doch nid, rüeft si, itz lue du das aa!

Waas ächt, frogt dr Fritz, häb du di lieber stiu, süsch gheisch no ache.

Das isch eifach nid zum Gloube, futteret d Marie wyter, chuum unger em Bode u scho ruume sin is di ganzi Wonig uus.

Was sötte si ächt süsch, seit dr Fritz troche.

Aber doch nid eso, ergeuschteret sech d Marie, das isch jo nid zum Zueluege!

De lueg äbe nid u häb di äntlech stiu, bauget dr Fritz.

Wo gö si itz mit üsem Ruehbett hi, rüeft d Marie, lue, si trages zum Trottoir vüre.

Jää, u de, seit dr Fritz, was sötte si de süsch mit däm aute Schrage no mache?

Dä hätts doch no lang gha, u wi me do gäbig ghocket isch! U de üses schöne Wedgwood-Gschir, jammeret d Marie, i ha doch gäng eso Sorg gha, kes einzigs Tassli isch mer verheit u i has einisch em Luisli wöue vererbe.

Dr Hätti u dr Wetti sy Brüeder gsi, spottet dr Fritz. Nid nume wöue, ufschrybe hättisch es äbe söue!

He, he, häbit Sorg, rüeft d Marie obenache, dä Fauteuil isch de es Einzuschtück, e Rarität.

Das isch doch dene glych, brummlet dr Fritz, entwäder cha eis vone das Möbu bruuche oder de äbe nid. Die Sorge hei üser Junge de einisch nid, dene ihrer IKEA-Möbu verheije grad vo säuber.

Du myni Güeti, was mache si ächt mit mym Schmuck, chummeret d Marie. Si wärde ne chuum grad samt dr Schublade furtschiesse u di Schächteli unger de Foulards wou gseh.

Dä hättisch haut vorhär söue verteile, giftelet dr Fritz.

Wenn ächt vorhär, git d Marie räss ume. Wär hätt itz ddänkt, mir müessti einisch so mir nüüt, dir nüüt ab dr Wäut? Aber du bisch jo gfahre, u luegt dr Fritz schreeg aa. I ha mi gäng verwungeret, wiso dir dr Dokter das Biljee no einisch verlengeret het, du mit dym hööche Bluetdruck, am lingge Ohr ghörsch jo chuum meh öppis u überhoupt, du bisch afe so langsam worde! Üses gäbige Outo, i ma nid dra dänke.

Das bruuche mer itz nümm, seit dr Fritz, aber was zum Donner mache si itz dert mit myne schöne Büecher?

Schön, was isch ächt a dene Chriegsgschichte schöns, bugeret d Marie. Vom Napoleon bis zum Hussein aui brav i eire Reihe, öb ig das wett, nüüt aus Zangg u Chrieg.

Du verschteisch äbe nüüt vo Gschicht, seit dr Fritz, aber ig. Lue, itz tischele si aui i ne Chischte yche. We die nume das Couvert gseh! Grad ersch no han i wider es Hunderternötli dryto, für au Fäu, gäng schön a ds glyche Ort, im Band drü, zwüschem erschte u em zwöite Wäutchrieg, so han i gäng my Resärve gha.

Gha, Fritz, gha.

Si luege enang läng aa.

Uf ds Mou seit d Marie: u wo sy si ächt mit dene farbige Truckli hi, won i gäng zoberscht im Schaft ha gha?

Eh, das isch doch itz glych, hässelet dr Fritz.

Äuwä isch das glych. Dert drinn han i doch gäng es paar Nötli verschteckt, das wird doch nid sy, dass si die ungschouet i Ghüder gheije!

Du, mit dyne Trucke. Was hesch de dert i der schwarze gha, wo grad ufem Huufe landet?

Di schönschte Sydebängeli, wo me sech cha dänke, seit d Marie stouz, aui fein süberlech ufglyred u nach Farbe sortiert. Auso, wi die mit der Sach umgö, das isch jo nid zum Zueluege. Mi nähm nume wunger, wi si de wei Päckli mache, we si lybermänts aus furtschiesse. U de üses schöne Outo! Mir hätts o gschyder z rächte Zyt verchouft u mit däm Batze es Reisli gmacht. Aber dä Uswys het partout no einisch müesse verlengeret sy. Eine, wo nümm chönn Outo fahre, syg o ke richtige Maa meh, gäu Fritz. Itz lue du, wär do chunnt! Dr Pizza Kurier mit ere ganze Biige Schachtle. Äuwä hätti mir bim Zügle nume Pizza ggässe. Do hets öppis Rächts ggä, öppe Surchabis oder e touji Härdöpfusuppe.

Wär wett itz no es settigs Gchööch ablo, seit dr Fritz. Hütt hei d Froue e gueti Usbiudig, wei go schaffe u nümm stungelang i dr Chuchi stoh.

Jää was ächt, muulet d Marie, d Froue hei gäng no Fröid am Choche u syt churzem stö jo o d Manne i dr Chuchi. Aber de abwäsche, putze u ufruume, dert happerets.

I ha dr doch gäng öppe ghuufe, seit dr Fritz.

Ghuufe scho, Fritz, aber dene Froue, wo näbscht Hushaut u Ching no gö go schaffe, geits äbe um meh weder nume um e chly z häufe. Di Manne müesse e Teil vo de tägleche Verpflichtige äbe grad übernäh, süsch funktioniert di sogenannti Glychschtellig no lang nid.

Dr Fritz het gschwige. Nach emene Chehr frogt er: We du no einisch ache chönntisch, was wettisch du am liebschte?

Öppe zäh Johr jünger sy u föif Centimeter gröser, seit d Marie gleitig.

D Fritz lachet gredi use.

Do gits gar nüüt z lache, seit d Marie. Nume e chly gröser, un i wär äbe nid eso nes Mammeli, wo me nümm ganz ärnscht nimmt. Derzue no zäh Johr jünger, weisch wi schön!

Mi geit äbe em Bode zue, auteret obeache u nid ungeruche, seit dr Fritz troche.

Mängisch ghört me eifach so ne gschpässige Ungerton, we me mit öpperem redt, seit d Marie, di angere tüe, wi we me nümm ganz bbache wär. Nümm di Jüngschti u no chly z chlyn, ghörsch gar nid zu de Lüt. Dä hingerem Bahnschauter erklärt dr wi ne Pfarrer, wie u wo me de mües umschtige u redt so lut, dass me chönnt meine, mi syg übughörig. U de ersch no das junge Tüpfi uf dr Poscht! «Wüssit dihr ächt wi me dä Zouzedu usfüut?», frogt si schynheilig. Jo, jo, han i gseit, sones Chrüzli wärd i wou no z Stang bringe.

Mi chönnt mängisch meine, aui über Füfzgi ghöre scho zum aute Yse u syge sowiso nümm ganz bitroscht. Dä Jugendlechkeitswahn isch eifach zum Chotze!

Iii, Mueter, wi redtsch du!

Säg mer nid no einisch Mueter, u hie obe scho gar nid! Was di Manne doch gäng wei vermüetterlet wärde. Zersch spile si di grosse Liebhaber u sobauu ne dr Pfuus usgeit, rüefe si «Mueter» u wei verhätschelet wärde win es chlyses Ching.

Redtsch du vo mir, frogt dr Fritz schüüch.

D Marie chunnt vom Thema aab u rüeft lut: Lue du itz, wi die üse Schaft usenanger trome. Mues das sy?

Genau so hei mir o pagglet, bis mer ne synerzyt hei zäme gsetzt gha, bsinnt sech dr Fritz.

U de myner schöne Nachthemmli ufem oberschte Tablar, chummeret d Marie. Die han i doch gäng gschpart, für wen i öppe einisch i ds Spitaau müesst.

Das hesch itz äbe nid müesse, brummlet dr Fritz.

D Marie süüfzget. Warum hei mer eigetlech o gäng eso gschpart? Wen i no einisch hingervür chönnt, würdi weniger schmürzele un is aubeneinisch öppis gönne.

Das mache di Junge äbe besser, meint dr Fritz, die lös lo flädere. Es isch nume z hoffe, es göi ne gäng guet i der sturme Wäut.

E Chehr hei beidi gschwige.

Uf ds Mou rüeft dr Fritz: itz chunnt myseeu e Laschtwage mit ere Wanne derhär!

D Marie hauset vüre.

Ehduauso, das isch jo nümm zum Zueluege, chumm Fritz, mir gö.

U si fäckle zäme dervo.

Theresa Schlup (1933), lebt in Bern und Paris.

Erschienen im Cosmos Verlag: «Was würde o d Lüt säge», «La vie de rêve», Bärndütschi Gschichte, «Ds grosse Gwitter». Im Licorne Verlag: «Chindergschichte».

ENGEL IM MINISCHÜPP (FRUTIGER MUNDART)
Ueli Schmid

Der Motor brummlet im vierte Gang, d Pnöö suren u singen uf der Outobahn u di chlyni Miita uf em hindere Sitz chäderet e wyle. Süscht ghöert ma nüt im Volvo uf der Fahrt i ds Zürichbiet. Der zähet Herbschtmaanet isch', am früeyje Namittag. Scho meh wan e Schtund sy si underwäge un e kiis het bis jitzen es inzigs Wörti gsiit. Peter am Schtüür gugget grediuus uf d Schtrass, d Mariann vornider uf d Chnöuw. E trückti Schtimig, e schweri Schtili. Es jedes hanget synen Gedanke nahi, beedi hin am Glyhe z chätsche. Warum het das müesse passiere. Warum usgrächnet dem Chlous?

Fascht ufe Tag vur me ne Jahr het är d Sonja ghürate. Jitz ligt är uf em Fridhof. E schwera Schlag het si priicht, wien es grüsligs Uwätter schmiitzts uber schi ab. Es erhudlet si all Tag un iis um ds ander Mal.

Warum, warum?

U baal chunnt d Schtund, wa d Sonja es Chindi soll uberchoe. D Mariann wollt der Sonja byschtah, we's sowyt ischt. Dadrand sölis net fehle. Wäder Früüd uf ds früüdig Erwarte wollt gar e kini ufchoe, viil ehnder ds Gägetiil. Das Chind würt sy Vater nie mit luteren Uuge gschouwe u nen aalache. Nie würt är'sch i synen Arme wagle, nie würt äs uf Vatersch Agsle ryte. Himeltruurig isch', nüt wa himeltruurig.

Bevor dass si abgfahre sy, het di jungi Witwa gmiint, es wärdi imel eppa moore, wärwiis og unermoore. Si söle rüewig nug i ds Zürher Oberland, esoe wie si's abgmachts hiige. Peter u Mariann hii verschproche, van da us anzlüte, u we's en Enderig söllti gäh, umzchehren un em hiim enandernah.

Si chöme scho bal a d Tankschtell z Würelos. D Mariann siit uf zmal: «Bis so guet u häb zuehi, es toocht mig, ig söllti, ig müessi aalüte.» U wa si zrugg chunnt us der Telefonkabine: «D Sonja grächet sig für i ds Schpital, ds Wasser ischt scho ggange. Was jitz?»

Peter fehrt wyter u schpuuret net lang schpeeter uf di rächti Syta yy u den ab der Outobahn, z lingger Syten am Hardturm, z rächter Hand am Migros-Vertiilzentrum verby. U de wyter u wyter. Z jeder Syte höeyji Hüser mit grauwe Müürene u mit lenge Schoupfeeschtere, wa schpiegle. Un an alen Orte Tschuppe Lüt u Velo un Outo u Tram. Ufpasse hiist's ir grosse, fremde Schtadt. A menger Ample isch rot, es wollt u wollt net rücke. Aber Peter findt imel due der Bahnhof un e fryja Abschtellplatz u d Mariann schtygt us. «D Miita het den angens der Schoppe nöetig, u gäll, häb imel de Sorg», siit si, bevor dass si im Lütegwüehl un ir wyte Hale verschwindt für ufe Zug.

Mitternacht verby. Der Motor brummlet, d Pnöö singen uf der Outobahn u d Miita im Betti uf em Sitz hinderdrind schlaft seelerüeuwig. Peter het ab bim Wankdorf, fehrt gäge d Schtadt u wiis uf z Mal net wan är ischt. Ii Schtrass gseht us wien di anderi, ii Chrüzig wien di nächschti. Das Schpital muess aber hie umha sy. Är kurvet bal hie u bal da uus, feht schier afa schwitzen u wiis ma nüt meh z tüe ohni Schtadtplan. Där schtiht dahiimen im Regal; da nützt är jitz am rüchschte.

Är het ab, chehrt um, het umhi ab u fehrt langsam dür d Papiermülischtrass. Vam Ghöeresäge wiis är, was hie aabgiht z nachtschlafener Zyt bis am früeyje Morge. Das hinggäge tuet jitz wäger nüt zur Sach, og wes em Peter niena wohl u gar net eppa müschterlig ischt. We ma sövel ir Chrott ischt! Iini van däne Frouwe würt ma sicher chöne wyterhälfe. Är schtellt der Blinker, bremset, het schtill u kurblet d Schyba ahi. D Frouw uf em Trottuar schtolziert uf Schtögelischuene um ds Outo um un uf ne zue. Ds engg Chütti höey uber de Chnöuwe, es teckt ihra schpitz u bloss der Schoos u ds Hindera. Grolets hiiterblonds Haar bis uber d Agsli ahi, bal em blutti Bruscht, ds Gsicht brav puderets, d Uge schwarz u d Muläschpe züntirot gfärbt.

«Hallo hübscha Maa, wie we's mit ös zweyje?»

De gwahret si ds Betti u ds Büdi wa schlaft, si schrysst e liida Lätsch un em Peter würd schlööd. Är schemt sig u cha sig usrächne, was die Frou eppa sinet: e söliga Dräcksack. Es Bebe im Outo, u d Muetter dahiimen wäger kin Ahnig. Was für ne Charakterlump!

Si siit zwar nüt, wiis vlicht sälber net, wäs si söli; nen uslache vilicht, verschpotte, ma ali Schand säge? Ungmüetlig Uugemblicka! Peter cha zerscht nüt wan enyjewis schtigle. Aber de giht ma der Chnopf uf: «Der Traktor ischt uber un uber gschtützt bim z Acher fahre vur dryje Wuche, der Brueder drunder cho. Uf der Schtell u sofort tot. Sy Frouw syt hüt am Namittag im Schpital zum erschte Chind. Wir syn underwäge gsy, my Frouw uni g mit öesem Miiti. Si zwü hiin epper welen ga bsuehe. Ir glyhe Gägni han ig z tüe ghaben u wyter müesse. D Mariann ischt mit em Zug emzrugg zur Sonja. Es muess doch jitz epper by ra sy, mu cha sa doch jitz net inzig laa ir bodelose Truur u bir Geburt. Uf nen Gisart muess doch ds Läbe wytergah. U jitz, wie chumen ig in das Schpital? Syt so guet, säget mer u hälfet mer».

Es Umenti schtotzet d Frouw ar Outotüür wien e Totze Holz. Aber de ... su tifig wie's d Schtögelischue u ds engg u churz Chütti erluube, giht si uf di anderi Syta, tuet hantlig di Tür uf u setzt sig näbe Peter, schnuufet z erscht nug leng u tüüf, u de:

«Fahr graduus, vor bir Ample linggs, de wyter.» Peter tuet wie ghiisse u lost wie d Frou befihlt mit feschter Schtimm. E anderi Schtimm wa vorhi. Kis Löecken ischt me drind, kis Zöecke. Si wollt nug iinischt wüsse, ganz genau, was ischt passiert u wüscht bin alem Losen Ugewasser ab.

Es paar Minute schpeeter chöme's aa, u Peter wiis schon umhi net, wie u was är soll.

«Wiit ihr vlicht es Taxi bschtele? Sälbschtverschtendli uf my Rächnig. Besser nug, ig fahri zrugg mit öch, ig wiis ja jitz der Wäg.»

«Das chascht glatt vergässe. Mach jitz, dass'd zum Outo usi chunnscht un in ynhi i ds Spital».

Si siit's mit bbliiter Schtimm, rückt us em Sitz, schletzt d Oututüür u schtögelet derva. Peter rüeft ihra nahi, tuusigfältiga Dank ol eppis in där Wäri.

Si ghöerts allwäg net, si ischt scho verschwunde.

Schtundi schpeeter, churz bevor dass' taget, gihts de gäge hiim. Es brummlet der Motor, es singen u sure d Reder uf em Assfalt. Ds Miiti lygt hinderdrind im Betti, schlaft schon umhi u wiis nug nüt vam Ggusäng, wan äs het uberchoo.

Peter u Mariann hii zäme z brichte; si, wien alze tifig u guet sygi ggangen u Muetter u Chind wohluf. Un är erzellt, wien är het gsuecht u wär ma gholfe het.

«Die Frouw ischt mer vorchoee, cha's fascht net säge … wien en Engel ir Not».

D Mariann nickt: «Öesa Herrgott het allergattig Bodepersonal u schickts, we's nöetig ischt. We's muess sy, sogar en Engel im Minischüpp».

Acherli, Endi Chrischtmaanet 2014

Ueli Schmid (1951), geboren und aufgewachsen in Frutigen. Gelernter Landwirt und dipl. Pfleger AKP. Insgesamt 10 Jahre als Entwicklungshelfer in Afrika tätig. Verheiratet und Vater von vier erwachsenen Kindern. Schreibt in Mundart und Schriftsprache Geschichten und Kriminalromane, ist zudem als Kolumnist und freier Mitarbeiter einer Zeitung tätig. Lebt heute wieder in Frutigen.

DIE KATHEDRALE
Thomas Schweizer

noch immer steht sie da als Pracht
die nahtlos in das Jenseits weist
als filigranes Monument
das uns unendlich übersteigt

die Säulen tragen nicht, sie fliehn
in feierliche Heiligkeit
und in das Leuchten eines Gottes
der weiss und schweigt und bleibt

das Bauwerk wäre ein Gesang
der unten aus dem Dunkeln holte
und uns hinauf ins Freie zöge
hindurch durch alle unsere Tode

nun aber bröckelt irgendwo
die Messe schüchtern vor sich hin
ein Priester räuspert sich – und hilft
dem alten Grüppchen, welches singt

und durch die hohen Kirchenschiffe
gehn, schlecht gekleidet, Fotos schiessend
Touristen, die wie schwarze Fliegen
auf der erhabnen Toten kriechen

Erwachen

manchmal, wenn
im frühen Dämmerlicht
die bunten Kleider träge noch
auf ihren Stühlen schlafen
und erste Töne zaghaft
durch den Sommermorgen gehen
und still ein Fest entsteht

dann tritt durch meine
schlafend offnen Augen
die Schönheit einer Welt
die ganz am Anfang
ungedeutet, unbekannt
vieltausendbildrig
in mich fand

Thomas Schweizer (1950), war Hausarzt, lebt verheiratet in Bern, ist Vater dreier Kinder und mehrfacher Grossvater. Seit seiner Pensionierung beschäftigt er sich nebst dem Schreiben mit der Philosophie in der Medizin.

Bisher erschienen: «Die Dinge reden, wenn du schweigest» (Gedichte, Asaro Verlag D 2011), «Innenansicht – Zweifel eines Arztes» (Asaro Verlag 2014), «Tango – und andere Liebesgeschichten» (Karin Fischer Verlag, Aachen 2015).

DONA
Frank Seethaler

Kurt stand unten an der Stiege, die mit einem weichen Teppich ausgelegt war und von der Strasse zum Klub hinabführte. Hinter dem Garderobetisch sass Mrs. Barker. Ihr Doppelkinn bebte vor Erregung.

Mr. Rose streckte seinen glatten, ovalen Kopf durch die Tür und fragte mit sanfter Stimme: «Was ist denn los, meine Liebe? Ich hab zu tun.»

«Er will das Trinkgeld haben. Aber das Trinkgeld gehört mir, verdammt nochmal!»

«Könnt ihr das nicht untereinander regeln? Ich kann ihm keine feste Gage bezahlen, und von irgendwas muss er doch wohl leben, stimmt's?»

«Vom Garderobegeld jedenfalls kriegt er keinen Penny!» antwortete Mrs. Barker scharf, während über ihre gepuderten Wangen dicke Tränen rollten.

Mr. Rose wandte sich an Kurt: «Hm, wie heisst du doch gleich – richtig: Kurt. Ich hab dir schon gesagt, dass ich dir keine feste Gage bezahlen kann. Seit Jahren führt Mrs Baker die Garderobe tadellos und wird von den Gästen sehr geschätzt, sie bekommt das Trinkgeld hier unten.»

Mrs. Barker schnäuzte sich die Nase.

«Du, Kurt», fuhr Mr. Rose fort, «nimmst das Trinkgeld oben bei den Taxis. Okay? Und jetzt lasst mich hüpfen, Kinder, damit die Unterhaltungsbranche von Soho nicht zusammenbricht.» Mr. Rose zog seinen Kopf durch den Spalt zurück und schloss die Tür leise.

«Nun gehen Sie schon nach oben», sagte Mrs. Barker, die sich inzwischen wieder über ihre Zeitschrift gebeugt hatte, kühl, «und verteilen Sie endlich ihre Abendkarten, damit sich die Herren beim Essen entscheiden können. Hier unten haben Sie nichts mehr verloren.»

In diesem Augenblick ging die Tür zur Bar wieder auf, und Dona stellte für Mrs. Barker und Kurt zwei Getränke und zwei Brötchen auf den Garderobetisch.

«Schaut mal, was mir einer der Jungs gestern geschenkt hat.» Sie hielt ihren schlanken Arm hoch, an dem eine schwere Männeruhr hing.

«So ein lieber Junge», sagte Mrs. Barker ohne aufzuschauen.

Dona drehte Mrs. Barker ihren nackten Rücken zu.

«Mr. Rose sagt, wir haben hier eine Goldgrube, und sie gehört ganz mir.»

Oben hielt ein Taxi. Kurt rannte die Treppe hinauf. Ein Betrunkener stieg aus und bezahlte, und als er bei der Treppe war, drehte der Fahrer rasch die Scheibe herunter und reichte Kurt 25 Pence. «Danke für die Nummer», sagte er zwinkernd. Kurt gab ihm ein paar Karten mit.

Unten schimpfte der Betrunkene, und wollte das Pfund Trinkgeld nicht bezahlen. Als er drinnen war, rief Mrs. Barker durch die Sprechöffnung in der Wand, sie sollten das Trinkgeld auf die Rechnung schlagen.

Vor dem Klub hielten jetzt immer öfter Taxis. Kurt stand draussen auf dem Vorplatz und verteilte seine Kärtchen. Er fror und trat von einem Bein auf das andere. Nach einer Weile lief er die Stiegen hinunter, öffnete die mit Leder ausgekleidete Tür und schob sich nach drinnen. Neugierig blickte er umher, konnte aber kaum etwas erkennen. Die Bühne lag hinter der Bar, und im Zuschauerraum war es dunkel. Nur ab und zu glitt ein Lichtstrahl über ihn hinweg. Kurt tappte unsicher über den weichen Plüsch. Nach einigen Schritten löste sich eine Frau aus dem Dunkel und trat auf ihn zu.

Es war Dona. Rasch zog sie ihn zur Seite und flüsterte ihm wütend ins Ohr: «Geh zum Teufel, mach dass du hier rauskommst.

Wenn dich Rose sieht, bist du gefeuert!»

An Dona vorbei sah Kurt auf die Bühne, wo sich jetzt ein hübsches Mädchen auszog. Das Orchester spielte leise. Dona schob ihn energisch zwischen den Tischen hindurch zur Tür hinaus.

«Oh Gott, ich vergass», sagte Mrs. Barker mit süssem Lächeln, als Dona die Tür wieder geschlossen hatte, «wegen der Toilette haben wir eine Abmachung mit dem Café nebenan. Sie brauchen dort nur zu sagen, dass Sie hier arbeiten.»

Gegen vier Uhr morgens schloss der Klub.

«Keine neue Uhr, heute?» fragte Kurt, als Dona in ihrem Mantel oben ins Freie trat.

«Was weisst du schon?» sagte sie und blickte prüfend in einen kleinen Handspiegel, den sie aus ihrer Tasche zog, und dann mit einem leisen, spöttischen Lächeln zu Kurt. Kurt schluckte leer.

Wenig später sassen sie in einem Nachtbus und wurden auf den quietschenden Sesseln hin- und hergeworfen.

Donas Zimmer war winzig. Es gab ein Bett und Bilder, Bilder und nochmals Bilder. Aus verrosteten Blechdosen lugten mit langen Hälsen die zerzausten Köpfe unzähliger Pinsel hervor. Kurt stand staunend vor einer Staffelei, auf der ein mächtiges dunkles Bild lag.

«Meine Altersversicherung. Mach's dir bequem, ich hol uns was zu trinken.»

Dona kam mit einer halb vollen Flasche zurück, schubste Kurt aufs Bett und lehnte sich sachte gegen ihn.

«Was ist mit dir?» fragte sie.

Sie nahm einen kräftigen Schluck aus der Flasche, stand wieder auf und setzte sich auf einen Hocker.

«Ich habe es geschafft, musst du wissen, ich kann jederzeit von hier abhauen. Zuvor möchte ich aber ein kleines Andenken von dir haben.»

Sie lachte, hob einen riesigen Ingres-Block vom Boden auf, schlug die Beine übereinander und begann zu zeichnen.

Kurts Wangen glühten. Er fühlte sich hin- und hergerissen. Unbeschreiblich, unfassbar schön war Dona. Und eben da stieg ein gewaltiger, beinahe beängstigender Gedanke in ihm auf und nahm ganz von ihm Besitz: Er wusste mit einem Mal, dass er erwachsen war.

Die Sonne schien kräftig und warm. Vor den Marktständen strömten die Menschen vorbei. Kleider flatterten im Wind.

Kurt hatte seinen Arm um Dona gelegt. Sie blieben stehen.

«Ich kann es nicht ändern», sagte Dona, «ich muss fort. Es war schön mit dir.»

Sie drückte Kurt einen flüchtigen Kuss auf den Mund und löste sich aus seinem Arm. Einige Tage danach verliess auch Kurt die Stadt.

Frank Seethaler (1950), geboren in Dornbirn (A), aufgewachsen in Bern.

Beiträge in Anthologien und den Gemeinschaftswerken «Nicht zu reden vom Begehren» (zusammen mit Li Mollet, Priska Furrer und Ueli Zingg, Bern 1999) sowie «Silbentransfer» (zusammen mit Joanna Lisiak, Frauke Ohloff, Augusto Manzone und Suniti Mukherjee, Bern 2002). Zuletzt: «Unterwegs», Gedichte, Bern 2014 und «Dona», Erzählungen, Bern 2016, beide im Dählholzverlag.

WINDRÄDER
Martin Städeli

Ein Wort. Ein anderes Wort. Ein Wort gibt das andere. Man gibt sein Wort. Man gibt uns das Wort, wir ergreifen das Wort, wir halten Wort. Wir halten fest. Es steht fest, es gilt. Man lässt es gelten. Man lässt es uns entgelten. Wir zahlen dafür, wir zahlen einen hohen Preis, wir bezahlen es teuer. Es hat Folgen.
    Wir folgen aufs Wort.
    Wortfolge.
    Wir sind artig, wir sind brav, wir machen keinen Mucks, wir sagen kein Wort. Es wird geschwiegen. Es ist still. Wir bringen kein Wort über die Lippen, wir finden keine Worte. Wir suchen nach Worten. Wir suchen, wir forschen, wir grübeln, wir hirnen, wir brüten, wir bohren. Wir bohren in der Nase. Wir fallen auf die Nase, wir haben die Nase voll, es reicht uns. Das Wort reicht uns. Wir sind wortreich, wir sind wortgewandt, wir sind schlagfertig. Wir sind träf. Wir treffen es, es trifft zu, es sitzt, jedes Wort sitzt. Es gibt nichts zu verbessern, es ist perfekt. Man feiert uns, man findet uns toll, man lobt uns, man schmeichelt uns, man macht schöne Worte, man macht Worte:
    Machtworte.
    Wir gehorchen. Wir kuschen, wir parieren, wir lavieren, wir achten auf jedes Wort, wir wählen die Worte. Wir kleiden es in Worte, wir fassen es in Worte, wir können es nicht fassen, wir können es nicht lassen. Wir lassen kein Wort aus, wir erzählen es Wort für Wort. Man glaubt uns aufs Wort, man nimmt uns beim Wort. Man nimmt uns das Wort aus dem Mund. Uns fehlen die Worte. Es ist unglaublich, es ist unerhört. Wir sind ungestört. Wir sind unter uns, niemand kann uns hören, niemand hört uns zu. Niemand hört auf uns, wir reden gegen eine Wand, wir reden in den Wind. Wir sind Windräder.
    Worträder.

Wir reden, wir sprechen, wir schwatzen, wir schwafeln, wir quatschen, wir quasseln, wir schnattern, wir plappern, wir plaudern, wir plaudern es aus. Es ist uns herausgerutscht, wir haben es verraten, wir sind Verräter. Wir sind Vertreter. Wir vertreten eine Firma, wir vertreten eine Sache, wir vertreten eine Meinung, wir vertreten uns die Füsse. Man tritt uns auf die Füsse. Wir bekommen kalte Füsse. Wir ziehen uns zurück, wir geben auf, wir hören auf, wir lassen es bleiben. Es bleibt. Es bleibt dabei. Daran wird nicht gerüttelt, daran wird festgehalten. Man wird festgehalten. Man hält uns fest, man hält uns gefangen, wir sitzen ein. Wir sitzen es aus, wir baden es aus, wir gehen baden. Wir gehen. Wir bewegen uns, wir lassen uns dazu bewegen, es bewegt uns, wir finden es bewegend. Wir finden bewegende Worte, wir finden passende Worte:
Passworte.
Es passt uns, es passt zu uns, es sagt uns zu, es freut uns, es entzückt uns, es haut uns um. Wir werden umgehauen. Man fällt uns. Man fällt uns ins Wort, man unterbricht uns, man schneidet uns das Wort ab. Man schneidet uns. Man lässt uns fallen. Wir fallen durch. Wir fallen weg, wir fallen hin, wir fallen auf, wir fallen ab, wir fallen herein. Wir gehen in die Falle, wir tappen in die Falle, die Falle schnappt zu. Es ist Zufall. Es fällt uns in den Schoss, es fällt uns zu, es stösst uns zu, es steht uns zu, es kommt uns zu. Wir kommen dazu, wir kommen zu Wort, wir bekommen das Wort. Wir haben das Wort.
Wir haben das letzte Wort.

Martin Städeli (1965), geboren in Bülach, wuchs in Zug auf und lebt heute in Bern. Nach Abschluss des Lehrerseminars in Zug studierte er Germanistik in Zürich. Seit 2002 arbeitet er als Webspezialist in Bern.

Neben Beiträgen in Zeitungen, Zeitschriften und Anthologien entstanden seit 2007 mehrere «Schreckmümpfeli» für Radio SRF1. 2014 erschien im boox-verlag seine Erzählung «Die Kur». Martin Städeli ist Mitglied des AdS. http://staedeli.schreibling.ch.

DER MANN IM MUSEUM
Helen Stark-Towlson

Er war nicht zu übersehen. Ein dünner, hochaufgeschossener Mann in einem Manchesteranzug von ungewöhnlicher Farbe. Ich dachte an Eis, als ich sie sah, an eine graugrüne Fläche, und fror. Der Mann trug Bilder auf sich und wusste es nicht. Ahnte den zugefrorenen Weiher nicht, hinter dem Dorf, spürte die Kanten meiner Schlittschuhe nicht, hörte nicht ihr sirrendes Geräusch und nicht dasKrachen des Eises. Sah nicht, wie wir uns küssten, mein Freund und ich, uns fahrend umschlungen hielten und uns die Liebe versprachen, auf ewige Zeit.

Der Mann stand in der Schlange vor der Kasse im Museum. Ein Wartender, der alle Besucher überragte. Eisvögel kreisten über seinem Kopf, Kreischvögel, und er hörte und sah sie nicht. Er wartete, das war alles.

Das Hemd, das er trug: ausgefranste Kragenspitzen, ausgefranste Manschetten.

Das schmutzige Weiss erinnerte an Schneematsch im März, der Lederschlips zog sich wie eine dunkle Spur darüber. Der Mann war allein. Er schaute über die Leute hinweg, mit Augen, die mehr gesehen hatten, als sie ertragen konnten.

Und immer noch hatten sie nicht genug gesehen. Der Mann war ins Museum gekommen, um die Erwartung in den Augen zu stillen. Um zu finden, wonach er suchte.

Und dann der Mund. Aufgesperrt trug ihn der Mann zur Schau, als habe er sein Leben lang ein Staunen geübt. Seltsam, dass niemand im Museum auf den Mann aufmerksam wurde. Selbst als er vor der Kasse stand und an der Garderobe die Mappe zurückliess, drehte sich niemand nach ihm um.

Hilfe, dachte ich. Um Hilfe müsste ich rufen. Der Mann war ins Museum gekommen, um noch einmal zu sehen.

Aber ich schwieg und sah zu, wie der Mann sich in die Leute schob. Das Graugrün des Anzugs ragte heraus, und ich fror, und der Tanz auf dem Eis wurde schneller, die Fläche grösser, die Kälte schneidender, der Atem meines Freundes drängender, und es gab Sprünge im Eis.

Der Mann verschwand mit den Leuten im Bildersaal. Ich blieb zurück, unfähig, etwas anderes zu tun, als auf seine Rückkehr zu warten. Ich durfte ihn nicht verpassen, hielt den Blick auf den Eingang des Saals gerichtet, der zugleich Saalausgang war, und rechnete. Eine gute Stunde, vielleicht zwei, würde es dauern, bis der Mann wieder erschien.

Es dauerte länger. Das Nachmittagslicht war gedämpft, als der Mann zurückkam.

Aufgeschossener. Dünner. Wie ein Pfeil ragte er aus der Menge. Er drängte zur Garderobe, holte die Mappe und verliess das Museum. Kein Mensch sah ihn im Graugrün seines Anzugs verschwinden.

Helen Stark-Towlson, geboren in Langenthal. In Bern absolvierte sie das Lehrerinnenseminar, liess sich danach in Hamburg an der Staatl. Hochschule für Musik und Theater zur Schauspielerin ausbilden. Die Autorin hat zwei Söhne und lebt in Bern.

«Spiel nach innen. Theater-Tagebuch» Solothurn 1971; ‹Tochter aus gutem Hause» 1975 und «Der Dompfaff» Jugendromane Sauerländer Aarau, 1977; «Anna und Goliath.» Menschen im Altersheim Zytglogge Bern 1986, «Die Frau im Park» Erzählungen, Lenos Basel 1991.

TEXTE
Frieda Stauffer

Dr Bouplatz

Ja, da si vor emene Jahr no Böim gschtange, e Hoschtet i dr Bluescht. D Schaf hei drunger gweidet u ds Bimbele vo ihrne Glöggli het zfride i d Hüser yche tönt. Im Herbscht het d Maschinesagi afa ufjousse, äs isch eim dür u dür. Ei Boum um dr anger isch gheit, äs het gchrachet, chroset, äs het wehta u gschmirzt. Was hätte sie nis alls z verzelle gha, die Böim!

Itze nuele d Bagger i däm Sunnehang ume. Mit ihrne grosse Taupe chraue si dr Härd zäme u recke wyt i Bode ache. Gäng töifer ds Loch, gäng höcher das uförmige Gmasu. D Laschtwäge chöme u fahre furt mit brunem Härd, wo i früechere Zyte Räbe drinne gwachse si. D Maschine si voll im Ysatz, si tuggere u ruure, si schlottere u chyche. D Stützmuure stöh. Dr Kran fuget Zimänt u Röhrer ueche. U dä Bitz ligt da, ufbroche zu wund ä grüüslige Blätz im sunnige Bort.

D Outobahnschneise

Dert, wo der Bremgartewald am stillschte isch gsy, lyret sech äs Bang vo Abgholzetem dertür. D Maschine frässe sech dry, über alles übere, dür alls düre. Si frässe i eim Ougeblick, was i Jahrzähnte gwachse isch, was sech het müesse bhoupte u bewähre. Gierig worgle si yche u erschticke nid emau dran. Derzue rausset u gyxets, quitschets u hüülets, u d Waldluft verpeschte si mit ihrne bleiige Dünscht. Die höchschte, bolzgrade Tanne müesse dra gloube, die stolze Tuller bhanget voll mit uryfe Tannzäpfe, gheie i Dräck.

D Maschine, der Mönsch, der Betong isch stercher.

D Gürturose im Bremer! Me cha o stärbe dran.

E Pfyler

Es isch e wichtige Pfyler, gwüss. Är wird d Outobahn stütze u trage, unändlechi Schlange vo Blächgutschene wird är la über sech ewägg röndle. Aber du, wichtige Pfyler, du steihsch usgrächnet amene Börtli, wo öppis so chöschtlechs gwachse isch: Morchle!

Morchle, fasch ir Stadt, amene sunnige Börtli, nid grösser weder es chlyses Gärtli. Morchle, wo luschtig u fürwitzig ihrer Gringli füregstreckt u üs aglachet hei. Die erschte Morchle, won i überhoupt ha gseh i mim Läbe. Ja, du schuurig wichtige Pfyler, mir chunnsch gar nüm so wichtig vor.

Der Uslöifer

Loufe tüe si scho lang nümme, d Uslöifer. Zmingscht äs Velo hei si, no lieber wärne ä Töff. Du Fisu dert, chaisch die Glace nid zersch fertig schläcke? Nei gwüss, är müpft ds Velo ab em Rand ache, die grüüslegi Hutte a sym Rügge waggelet, eihändig stigt är uf si Göppu u wauppelet dervo. Derbi pfurre d Outo näbe düre, dert chunnt no ds Tram derhär! Bueb, Bued mir gruusets!

Kioskereie

Zäche Jahr han i bi der Kiosk AG gschaffet. I ha vil glehrt, gseh, ghört u erläbt. I dene chlyne Chrutzli vo Verkoufslädeli isch me ganz naach bi de Lüt. Albeneinisch isch es scho chly ungmögig, wem e nume aus Gäldwachselstube oder Abfallbudeli betrachtet wird. Aber es het doch meh fründlechi Gsichter u lachegi Ouge, ufgschellti Grüess u verschmitzti Sprüch gäh.

Über ds liebe Gäld

Es isch nid guet, wem e gar keis het. Aber wem e jede Tag dermit mues umgah, isch es schon no äs glungnigs Gfüehl. So nes Dräckhüfeli vo Gäld. D Nötli verchrugelet, dräckig, verwuuschlet, eifach gruusig. Mängisch neu u gfährlech, si chläbe gärn anenang. Wi liecht git me äs Nötli z vil use. Am liebschte tueni die aabruchte, aber no schön subere büschele, Füfliber, Zwöifränkler u süsch Münz röllele. Me chunnt fürersch, un es isch zellig.

Chani Münz ha? So, so, ä keis, so gäät mer äs Schoggistängeli. Auso geit es doch! Dir syt ä ganz unbehülflechi Person dir! Vor Chlupf vergisseni usezgä. Chani itz mys Gäld ha? Me het halt nid scho am Morge am sächsi alles Münz wölle verzattere!

Über d Höflechkeit

Die het me scho gärn, wo chöme cho z schiesse wie ne Hurnuuss: zwöi Päckli Sowieso, u das im ene Ton ... I bi erchlüpft das nüt eso, bi ufgschosse – i ha nid öppe plöischlet oder gschlafe, – nei, i bi am Bode gruppet u ha Heftli tischelet.

U eini laferet der angere dri, es gälbs Chärtli, ds Tram chunnt! Derzue streckt si mer de no e Hunderter unger d Nase. O wen i no hätti wölle, es hätti glych nid glängt. Ds Tram isch dervo gschwäbt, mi het es innevür glächeret.

Es git Lüt wo ihri Töibi grad eso gäbig am Kiosk chöi usela. Äs Mandli isch mer einisch schuderhaft cho wüescht säge, i bruuchi de nid im Pyri äne über ihn ga z schnädere. I han ihm gseit, i syg no nie im Läbe dert gsi. Ja, ja, i tüegi itze nume so. I ha gmerkt, dass dä zue isch gsy. Speter isch är mit em glyche Thärme wider cho. O wem e nid reagiert, es guslet eim doch, we si so blöd uf eim umehacke.

U es git no angeri kurlegi Lüt. Der Chniepi u der Storzi u Chnorzi, der Gschprächig u der Muggi, der Surnibel u doch der Luschtig, dä wo der Huet lüpft u danke seit. Der Jung, sunnig mit de guldige Haar, ds härzige Tabakmändi. Aber o der Jammeri, wo jede Morge syner Bräschte ufzellt u derbi Brissago roukt wi ne Türg. Dr ganz Mönschegarte ueche u ache!

Stauffer Frieda (1929), Schule im Biembach/Emmental, in Pratteln BL, in Säriswil-Möriswil BE, Haushaltslehrjahr, bei verschiedenen Familien und bei der Hauspflege gearbeitet, Verkäuferin im Kiosk.

DER SCHÖNLING
Franziska Streun

Mit einem leisen Seufzer lehnt sich Betty in den Türrahmen des Fumoirs. Ihr Hund Scrumpi, ein Welsh-Corgi, liegt eingerollt auf dem Sessel am Fenster und horcht kurz auf. Gedankenverloren zündet sie sich eine Zigarette an, zieht den Rauch tief ein und bläst ihn langsam wieder aus. Während der Herbstnebel draussen im Park in der anbrechenden Dämmerung über die gefallenen Blätter wabert, beobachtet sie stumm Rudolf. Ihr früherer Mann ist bei ihr zu Besuch und trägt ihrem Butler im kleinen Salon nebenan Arbeiten auf. Es ist ein goldiger Oktober im Jahr 1960. Betty verkauft nach 39 Jahren ihre Campagne Bellerive im Gwatt bei Thun und bereitet den Umzug vor.

Sie betrachtet den 79-Jährigen, noch immer ein adretter Mann mit Schnauz und elegantem Anzug, mit dem sie verwandtschaftlich verbunden ist. Beide sind sie Nachfahren des Dynastiebegründers Meyer Amschel Rothschild: Zwei seiner Söhne, ihre Urgrossväter, waren Brüder. 1912, im Alter von siebzehn Jahren, musste sie ihn, Baron Rudolf Maximilian von Goldschmidt-Rothschild, ehelichen. Sie, Baronin Betty Esther Charlotte Laure Lambert, hatte sich in ihr Schicksal zu fügen. Die Väter, beides Barone, jüdische Patriarchen und unermesslich reiche Bankiers aus Brüssel und Frankfurt am Main, hatten die Verbindung arrangiert. Ihre Mutter, eine Rothschild aus Paris, liess es zu. Dass Betty mit der Heirat eine Preussin wurde, interessierte niemanden.

Das Feuer im Kamin knistert, doch Betty fröstelt. Unvermittelt zieht sie den lachsfarbenen Schal aus feinstem Mohair enger um die Schultern. Scrumpi springt vom Sessel, wedelt auf sie zu und kuschelt sich an ihre Wade. Je länger sie Rudolf beobachtet, desto mehr realisiert sie, wie fremd er ihr über all die Jahre geblieben ist und doch zu ihrem Leben gehört. Die Erinnerung an die beiden Weltkriege wiegen schwer.

Als die deutsche Wehrmacht 1914 ihre Heimat Belgien überfiel, begann sie, alles abgrundtief zu hassen, was mit Deutschland zu tun hatte – so auch Rudolf. Doch später, nach den verbrecherischen Enteignungen und systematischen Zerstörungsaktionen der Nazis und der rettenden Flucht von Rudolf und anderen Familienmitgliedern in die Schweiz, fühlte sie sich mit ihm wieder verbunden. Seither finanziert sie sein Leben, was sie, ihrer Familientradition entsprechend, mit Diskretion behandelt.

Während Rudolf ununterbrochen mit ihrem Butler redet und sie seine Gesten verfolgt, wandern ihre Gedanken in den Sommer 1920. Zurück zu jener schicksalhaften Begegnung in London, die ihr damals die Courage für ihren Befreiungsschlag verlieh, um ihr Leben endlich in hoffnungsvolle Bahnen zu lenken: Dem abscheulichen Deutschland endgültig den Rücken zu kehren und eine Zukunft mit einer neuen Liebe in der Schweiz zu beginnen. Dafür opferte sie ihre beiden Söhne, die Rudolf beanspruchte – und dies nach der demütigenden Scheidung von ihm, dem Tod ihrer Eltern und dem andauernden Kampf um ihr Erbe in Frankreich.

Betty, knapp 26 Jahre alt, einerseits verloren, andererseits voller Tatendrang, entdeckt in der Menge diesen zartgliedrigen und hochgewachsenen Schönling. Finaltag, 40. Wimbledon-Turnier, 3. Juli 1920. Ein Samstag. An der Siegesfeier bleibt ihr Blick an Johann Jakob von Bonstetten hängen. Ausgelassen amüsiert er sich mit kichernden Grazien, die um seine Gunst buhlen. Das Glas lässig in der Hand, das Hemd zwei Knöpfe zu weit offen, die Haut auf der Brust mit einem Seidenschal verspielt verdeckt, versprüht er grosszügig den Charme eines Dandys. Sichtlich geniesst er das Bad inmitten dieser Schönheiten. Unbewusst kontrolliert ihre Hand, ob der Seidenstoff ihres enganliegenden Rocks und der Hut mit den goldenen Bordüren korrekt sitzen. Sie wirft ihre Schultern nach hinten, nippt am Champagner und verfolgt fasziniert die Bewegungen seiner sprechenden Hände, die einem Dirigenten gleich in der Luft den Takt vorgeben. Verflogen sind in dieser Sekunde ihre Sorgen. Zwar erkennt sie in seinen geschmeidigen Gesten den Lebemann, der frohgemut und ausgelassen den Moment auskostet. Getrieben von der tiefen Sehnsucht nach jener unbeschwerten Leichtigkeit, fühlt sie sich magisch von ihm und der Szenerie angezogen. Da treffen sich ihre Blicke. Wider jedes Protokoll hält sie, die Baronin, seinem Schalk in den Augen stand. Berechnend setzt sie alles auf eine Karte und ignoriert das irritierende Gefühl im Bauch. Ihr Herz schlägt bis zum Hals. Leicht zittrig setzt sie sich eine Zigarette auf das lange Mundstück und führt es an ihre Lippen. Dass ihr dieser Schönling, 23-jährig und ein im Kern antisemitischer Bernburger des Distelzwangs, wie sie erst erfahren wird, genauso wie Rudolf und andere Personen Leid und Schmerz bringen und er vor allem ihr Geld lieben wird, weiss sie in jenem Augenblick noch nicht. Ein coup de foudre erfasst sie. Schmetterlinge flattern in ihrem Bauch, wie damals bei ihrem heimlichen Jugendfreund in Brüssel, ein ihr standesunwürdiger Bediensteter, mit dem sie aber lachen konnte und der ihr zuhörte. Kaum die Zigarette angezündet, bläst Betty den Rauch aus und beobachtet, wie der Dandy den Damen zuflüstert, zu gekünstelt und routiniert, wie sie findet. Als ob er die schillernden Sternchen des Fests am liebsten sofort und alle gleichzeitig verführen würde. Mit zugeworfenen Kusshändchen befreit er sich wie ein Tänzer elegant aus deren Mitte und bahnt sich gezielten Schrittes einen Weg durch die Menge auf sie zu – nicht gehend, mehr schwebend, als ob er zu ihr hinfliegen würde. Erst nahe bei ihr hält er still. Der Duft seines Aftershaves dringt in ihre Nase, und sie lauscht den Worten, die er ihr gleich zuflüstert. «Bonjour, ma Belle! Ihr Glanz übertrifft alles, was mir bis jetzt an blaublütiger Schönheit und Perfektion begegnet ist».

Die lebenshungrige Frau in Betty raubte ihr, der jungen Baronin aus streng jüdischem Traditionshaus, beinahe die Kontrolle.

In jenem Augenblick hätte er alles von ihr haben und von jeglicher Nebensächlichkeit sprechen können, sie hätte zu allem Ja gesagt. Hätte. Denn sie offenbarte ihm nichts von ihrer emotionalen Berg- und Talfahrt. Zuerst zeigt sie diesem Schönling, wie es sich für sie gehörte, die kalte Schulter.

Scrumpis feuchte Nase dringt durch den Seidenstrumpf an ihre Haut an der Wade und holt Betty zurück in die Gegenwart. Nach einem letzten Zug löst sie sich vom Türrahmen und drückt die Zigarette in den Aschenbecher. Mit einem Seufzer dreht sie sich um die eigene Achse und sieht gerade noch, wie sich der Butler im kleinen Salon von Rudolf abwendet und entfernt. Erhobenen Hauptes geht Betty auf ihn zu und lässt ein versöhnliches Lächeln um ihre Mundwinkel spielen.

Franziska Streun ist seit 1995 Redaktorin beim «Thuner Tagblatt», seit 2007 zudem freischaffende Autorin.

Ihre Werke: Biografie über das Thuner Stadtoriginal Eduard Aegerter, ein historischer Roman über Rodolfo von Wattenwyl aus Gurzelen und Uttigen sowie eine Doku-Fiktion über das Tötungsdelikt am 14-jährigen Beat Gyger von 1973 in Thun. Derzeit arbeitet sie an einer Romanbiografie über die Baronin Betty Lambert. www.franziskastreun.ch.

TSCHALPERUGEL
Susanne Thomann

Der Melchsee liegt ausgebreitet im Hochtal. Zwischen kargem Grün und Fels eine glatte Fläche. Dunkel und unbewegt. Die Frutt-Kapelle spiegelt sich darin. Weisses Gemäuer, fremd und gespenstisch im schwarzen Wasser. Es ist still und schattig. Kein Mensch weit und breit. Nur ein Bergpieper pickt zwischen den Kieseln des Ufers nach Essbarem und hoch oben an den schroffen Wänden des Bonistocks spielen ein paar Dohlen. Ich setze mich auf einen Stein zwischen die Bergwacholderstauden und nehme den Rucksack vom Rücken. Der Apfel schmeckt sauer. Das Kaugeräusch füllt meinen Kopf, ist eingesperrt, als verweigere die Luft den Widerhall. Eigenartige Ruhe liegt über der Landschaft.

Als ich das Kerngehäuse des Apfels hinter mich werfe, zuckt etwas zusammen am äussersten Rand meiner Wahrnehmung. Ich drehe mich danach um. Es ist ein Zwerg. Er steht zwischen den Steinen, knapp zwei Meter von mir entfernt. Er hat einen kleinen gedrungenen Körper und den langgezogenen Kopf, der meist als Bart und Zipfelmütze dargestellt wird. Wir starren uns an. Ich versuche meinen ersten Schrecken zu überwinden.

«Magst du Apfel?» frage ich aufs Geratewohl.

Ich bin mir nicht sicher, ob ich die Worte ausspreche oder sie nur denke. Aber der Zwerg nickt. Ich krame den zweiten Apfel aus dem Rucksack und lege ihn auf den Stein neben mir, langsam, um den Zwerg nicht in die Flucht zu schlagen. Er weicht etwas zurück, als ich den Arm ausstrecke, aber dann schnellt er vor, greift blitzschnell zu und beginnt sofort zu essen. Er schmatzt laut. Und anders als bei mir, scheint sich sein Essgeräusch auf die ganze Umgebung zu übertragen, findet feine Resonanz in den Winkeln und Ecken zwischen Stein und Grün.

«Wohnst du hier?» frage ich.

«Es ist schlechtes Wetter», antwortet er.

Ich schaue über das Hochtal. Die hohe Wolkendecke ist gleichmässig und stabil.

«Das Wetter ist gut», sage ich.

«Es ist schlechtes Wetter», wiederholt er, während er am Apfel kaut.

Ich beschliesse, nicht weiter auf das Wetter einzugehen.

«Wie heisst du?» frage ich.

«Die Steine hier gehören zu meinem Gebiet», sagt er. «Auch der, auf dem du sitzt.»

«Er ist bequem», lobe ich.

«Ich kenne sie alle, die Steine.»

Der Apfel ist verschwunden samt Stiel und Gehäuse, und es scheint mir, der grünlichbraune, unförmige Körper des Zwerges sei dichter geworden.

«Hast du Familie?» frage ich.

«Die Flechten haben es heuer nicht einfach. Das ist schwierig. Sehr schwierig. Viele sind gestorben. Das ist schwierig.»

«Warum sterben sie?»

«Die Luft ist dunkel geworden. – Was ist das?»

Er zeigt alarmiert auf den Beutel Studentenfutter, den ich aus der Aussentasche des Rucksacks gezogen habe. Die Folie, vielleicht ihr Knistern, scheint den Zwerg zu ängstigen. Er ist ein Stück zurückgewichen, beäugt den Beutel in meiner Hand aber neugierig.

«Das ist Verpackung», erkläre ich. «Darin sind Dinge, die man essen kann. Ich zeige sie dir.»

Ich reisse das verschweisste Papier auf, sorgfältig darauf bedacht, den Zwerg nicht zu beunruhigen, lege ein paar Rosinen und Haselnüsse auf den Stein. Der Zwerg greift mit seinen vier klobigen Fingern sofort zu und futtert sie weg.

«Kennst du Muggestutz?» frage ich.

Der Zwerg scheint zu erstarren. Dann schüttelt er sich, schnaubt und stösst ein purzelndes Keuchen aus. Ich weiss nicht, ob er lacht oder sich aufregt. Er wippt mit dem ganzen Körper auf und ab. Dabei färbt sich der obere Teil seines Kopfes rot. Er prustet und hüpft.

«Muggestutz», krächzt er, «Muggestutz.»

Er spricht Muggestutz anders aus als ich es je gehört habe. Eine komplexe Kombination aus mir völlig unbekannten Knack-, Schnalz-, Pfeif- und Sirrlauten, die sich insgesamt ähnlich wie Muggestutz anhören.

«Und Roui Rinda», japst er und schnauft und wippt heftig. Der obere Teil seines Kopfes ist jetzt tief rot.

Ich bin überrascht. Hat er Roui Rinda gesagt? Es ist wiederum eine Kette rollender, schnarrender, knirschender Laute, aber es tönt durchaus wie Roui Rinda.

Der Zwerg quiekt und hechelt.

«Du kannst ihre Namen nicht sagen! Du kannst sie nicht sagen, nicht sagen!» kräht er.

Und er prustet erneut los, kichert und federt auf und ab. Er scheint sich köstlich zu amüsieren. Ich warte, bis er sich etwas beruhigt hat. Dann frage ich:

«Wie heisst du?»

Er sagt eine andere Lautkette. Sie findet Widerhall in den Steinen um uns herum. Und der Zwerg wiehert sofort wieder los.

«Sag das! Sag das!» fordert er.

«Bitte wiederhole es noch einmal.»

Der Zwerg sagt seinen Namen erneut. Es ist mir unmöglich, ihn mir zu merken, geschweige denn, ihn auszusprechen. Er tönt ähnlich wie Tschalperugel.

«Jetzt du! Jetzt du!»

«Tschalperugel», versuche ich.

Der Zwerg schnarrt und quäkt und hopst und überpurzelt fast vor Lachen. Dann hüpft er plötzlich und völlig unerwartet zwischen den Steinen davon.

Als ich kurz darauf aufbreche, schaue ich mich noch einmal nach ihm um und glaube hinter einem Felsbrocken einen rötlichen Zipfel verschwinden zu sehen und durch die Bergwacholderstauden streicht ein kaum wahrnehmbares Kichern.

Susanne Thomann (1955), nach dem Studium der Musikwissenschaft und Linguistik viele Jahre als Journalistin und im Projektmanagement tätig. Heute freischaffende Lektorin und Projektleiterin in Bern.

MINIATURE
Barbara Traber

Fei echly Veieli
D Tage wärde scho fei echly lenger, 's isch fei echly häller am Morge, u mi schmöckt scho gly der Früelig u d Veieli.

Juni

Das Grüen i allne Schattierige a däm Juninamittag: Nach de Rägetage dampfet's im Wald u schmöckt nach füechtem Holz u i de Gärte blüeje nid nume d Rose, d Rhabarbere, d Malven u d Spargle stänglen uuf u d Früehärdöpfu sy nache u der Weize wird nümm lang grüen blybe, d Mohnblueme lüüchte gfährlech drus use.

Nüüt aus Grüen o a de Zwätschgen-, Öpfel- u Bireböim, d Chirschi chönnt me mit Olive verwächsle, u ganz weni Äppeeri luege scho nes bitzeli rötlech under de Bletter füre, u d Maispflänzli i Reih u Glid mahnen eim a Grüenschnäble, a Buebe, wo nid möge gwarte, bis si gross gnue sy für längi Hosen aazlege.

So grüen isch alls, mi cha sech e Reis uf Irland spare, so saftig grüen, mi ghört ds Gras fasch wachse u a de hilbe Plätzli fö scho d Grillen aa zirpe.

Un i möcht d Zyt aahalte, bevor der Summer zgrächtem chunt, di hälle, längi Juninächt u di paar heisse Wuche verby sy u alls ryf u farbig wird – u 's scho wider hindenabe geit i däm Kreislouf vo Cho u Vergah.

Schwümmen im Fluss
Ändlechen isch ds Wasser warm gnue, für sech la z trage, kilometerwyt, under de Brügge düre, a Böim mit Lindeblüeteduft u Büsch verby, sech la z trybe dür Wälle u Würble, ds Ruusche vo Steine vo töif unden ufen im Ohr. Einisch gärn gäge Strom z schwümme, bis me Wasser schlückt u ufgit.

E Wasserreis lang e Fisch sy – u wyt unde de abgchüelt amene sicheren Ufer lande.

Sinnbild
Nüüt als Sunneblueme, so wyt me gseht, Sunneblueme, wo guldig lüüchte, der Sunne entgäge.

Schnäll gö di hälle Juninächt u di länge Julitage verby,
u di usgfransete Blüetebletter wärde scho brüüntschelig.
Im Ouguscht trage si uf em Rügge di ytrochnete Sameträne wi ne schwäri Lascht, en ändlosi Kolonne vo Chlagewyber, verbrönnt vor Hitz u vom Schmärz, wärde geng schwerzer i
ihrer Truur.

Holzwäg
Hie und da hets no e letschte roten Öpfel amene Boum, e Spätzünder, wo bim Abläse vergässe worden isch. I schuene dür ds Loub wi düre Schlick vomene Wattenmeer u frage mi undereinisch, öb sech's würklech lohnt, uf d Wält z cho u z wachse u scho gly es Hüüffeli Äsche z wärde wi di guet glagerte Schytli vo Tanne u Bueche i mym Schwedenofe. Aber Holz wachst geng wider nache.

Vilicht bin i uf em Holzwäg. I ha geschter zwöi Ster Schytli ufbigelet, Vorrat für e Winter – mit eren Usduur, won i süsch nume bim Schrybe ha.

Füür u Flamme
Es knischteret, tigget, knacket, ruuschet, zünglet, funket – bis ds Holz im Ofe richtig glüejt u wermt.

I luege zue u lose u lege Schyter nache, wi we's mys innere Füür wär, won i geng vo nöjem müesst entfache.

Aus: D Zyt aahalte – Arrêter le temps. Miniature – Miniatures (Bärndütsch/Französisch). Adaptation: Corinne Verdan-Moser, Le Cadratin, 1800 Vevey, 2017.

Barbara Traber (1943), geboren in Thun. Handelsdiplom, Auslandsaufenthalte in London, Lagos, Paris. Lebt in Worb.

Freie Autorin, Übersetzerin, Herausgeberin von Mundartliteratur, Journalistin, Lektorin. Publikationen: Lyrik, Romane, Erzählungen, auch in Berndeutsch, Sachbücher. www.traber-traber.ch.

DR SCHÄLLENÄNGEL VOM PAUL KLEE
Barbara Von Arx

E Gschicht für d'Eline und füre Noah

Dr Paul Klee isch als ältere Maa fescht chrank gsy und är hett gspüürt, dass er gly muess stärbe. Är hett Angscht gha dervor und für sech chly z'tröschte, hett är ganz e Huufen Änglen und Ängeli zeichnet.

Vo Tag zu Tag isch die Heerschar vo himmlische Wäse a dr Wand im Atelier grösser worde. Gäng, we dr Paul Klee truurig isch gsy, isch är vor syni Ängle gschtanden und hett se aagluegt:

Dr Ängel, wo chly wüescht isch und schilet, aber ganz fröhlech dryluegt, en Ängel, wo gäng alles weder vergisst, dr ander, won e Riesseschritt macht ... vielleicht grad bis i Himmel ..., en Ängel, wo ganz ärnscht dryluegt und scho alles weiss, es Ängeli, wo uusgseht wie ne Vogel, en Ängel mit ere vürnähme Lockefrisur, e truurigen Ängel, eine, wo überhaupt kei Angscht hett und es Chindergartenängeli, wo no am liebschte wett düümele!

Dernäbe hetts no ganz e huufen anderi Ängle gha.

Eis Ängeli aber hett ganz bsunders luschtig und fasch chly fräch drygluegt. Mit sine chlyne Storzlibei hetts wie dr Blitz chönne dervomarschiere ...

Das isch aber, grad wäge däm, ou em Paul Klee sis Sorgenängeli gsy. Äs hett sech überhoupt nid chönne still ha und nume druuf gwartet, dass grad niemer luegt, ...

... de hetts sis Scheichli glüpft und isch tifig dervogstaabet.

Mit sire schpitzige Gwundernasen ischs dür ds ganze Atelier gschpaziert und hett gäng wieder nöji Sachen entdeckt. Wes nümm hett möge loufe, ischs eifach i nes Eggeli gschlüffe und hett sech dert verschteckt.

Dr Paul Klee hett natürlech sofort gmerkt, dass dr Platz a dr Wand wieder einisch läär isch und är hett lang im Atelier müesse sueche, bis er ds Ängeli gfunde hett.

Chuum ischs aber a sim Plätzli gsy, hett das Luusmeitschi nume ufe nächscht Momänt planget …

… und scho ischs wieder abmarschiert.

Jede Morge hett dr Paul Klee zersch afen einisch ds Ängeli überall müesse sueche. Wenn ers de ändlech gfunde und a si Platz ghänkt hett, isch äs erscht rächt losgange. Chuum isch är a sir Staffelei gschtande für am aagfagnige Bild wyter z'male, isch ds Bängelängeli hinder sim Rügge scho weder verschwunde. So ischs dr lieb läng Tag gange. Dr Paul Klee hett fasch nüt anders meh gmacht, als im Atelier ume z'loufe … uf Ängelsuechi.

Mit dr Zyt isch ihm die Suecherei verleidet und de hett är aube ds Atelier abbschlosse und isch chly a die früschi Luft ga loufe.

So isch dr Paul Klee ou wieder einisch am ne chalte Tag aafangs Dezämber unterwägs. Är wott e länge Spaziergang i d'Elfenou mache. Unde, ar Aare im Wald, chunnt ihm plötzlech öpper entgäge: An alte Maa mit emne Sack, ere Latärne … und hindenache trappet es luschtigs, graus Eseli:

Dr Samichlous isch ufem Wäg zu de Chind.

Die beide Manne grüesse sech fründlech und fö mitenand afa prichte. Dr Paul Klee weiss natürlech, wer dä Maa isch und dr Samichlous kennt dr berüehmti Bärner Maler sicher ou. Dr Paul Klee verzellt vo sire Chrankheit und vo de vielne Ängle, won er zeichnet, vor auem aber vo sim Sorgenängeli, won ihm gäng wieder dervolouft.

Dr Samichlous lost guet zu und seit drufabe:

«Ja, ja, das kennen ig guet. Mis Eseli isch ou so eis! Wie mängisch han ig ihm guet zuegredt, wenn ig ines Huus bi gangen und wenn ig wieder bi use cho, ischs niene me gsy. De han ig im ganze Dorf müesse sueche und rüefe. Das hett jetze aber gottlob besseret, sider dass ig ihm das Gröll umhänke.»

Dr Paul Klee weiss nid, was es Gröll isch und dr Samichlous erklärt ihm's: «Das isch dä Läderrieme mit de guldige Schälle dranne. So ghören ig gäng scho vo wytem, wo mis Eseli isch.»

Dr Paul Klee seit: «Das isch natürlech ganz e gueti Idee, nume, mim Ängeli chan ig nid sone Rieme umhänke, das wär ja viel z'schwär.»

Da reckt dr Samichlous i si Mantelsack und zieht es chlyses Schälleli use: «Lueg, ig ha hie no eis, wo mim Eseli letschthin abgheit isch. Är hett no gnue anderi a sim Gröll. Chaschs ha.»

Dr Paul Klee hett fescht Fröid a däm Gschänk vom Samichlous und danket ihm.

Die beide Manne göh no nes paar Schritt mitenand, säge sech de Guet Nacht, dr Paul Klee geit wieder dr Stutz z'düruuf und zrügg i sis Atelier.

Det muess är natürlech zersch wieder ds Ängeli sueche. Mit emne fyne Schnüerli bingt är ihm de am üsserschte Zipfel vom wysse Hemmli das Schälleli aa.

Ds Ängeli hett gar kei Fröid dranne. Bi jedem chlynschte Muggs schället's hinder ihm und das regt ihn's fürchterlech uuf.

Wo's aber de vernimmt, dass das Schälleli es ächts vom Samichlouseseli isch, seit's grad nüt me …

Vo denn ewägg isch ds Ängeli zwar immer no im Atelier desume g'schwanzet, aber dr Paul Klee hett gäng gwüsst, wo's grad isch und nie me lang müesse sueche.

Die anderen Ängle hei ds Schällenängeli um das luschtige Dinggelääri am Hemmlizipfel beniden und äs isch schuderhaft schtolz gsy druf!

Wer weiss, viellecht isch dä Ängel, wo so gärn desume gumpet und es Schälleli treit, sogar dr Schutzängel vo allnen Eseli uf dr ganze Wält.

Barbara von Arx (1946), ist in Zollikofen aufgewachsen, Ausbildung zur Lehrerin und Kindergärtnerin, lebt heute in Kirchlindach.

Publikation: Samichlous

SPIEGELUNGEN
Erika von Gunten

Der alte, schwarze Kochherd wurde herausgerissen. In der Ecke neben dem Fenster stand nun ein Elektroherd. Mutters Stolz. Lena konnte es nicht verstehen. Der Elektroherd war für Lena ein fremder, kalter Klotz. Bei ihm wusste sie nie, wo was heiss war. Der alte Herd mit den goldenen Griffen, dem Kaminhut als Baldachin, den Pfannen, in denen es brodelte, hatte ihr viel besser gefallen. Sie hatte das Feuer sehen können, das Holz knacken hören. Im Caldor hatte leise das Wasser gezischt und im Kamin der Wind gesungen. Warum mussten die Eltern die Küche verändern? Etwas war weg für immer, gerade so wie ihre geliebte Puppe. Denn eines Tages, in einem Frühjahr, war etwas Fürchterliches geschehen:

Die Mutter und Katrin, Lenas zehn Jahre ältere Schwester, diskutierten in der Küche mit zwei Mietern, Offizieren. Lena stand unbeachtet zwischen den Hosenbeinen und Röcken. Sie hielt das über alles geliebte Puppenkind im Arm. Dieses hatte ihr Mitgefühl und ihre Fürsorge nötig, musste ein Kopftüchlein tragen. In seinem Hinterkopf war ein grosses Loch. Lena hatte diese Puppe irgendwann so gefunden. Plötzlich fiel Katrins Blick auf sie.

Die ist mit ihrem kaputten Kopf einfach nicht mehr anzusehen, rief Katrin, entriss Lena die Puppe und warf sie ins Herdloch. Sogleich loderten die Flammen auf. Lena schrie wie am Spiess, versuchte, ihr Kind herauszuholen. Aber die Grossen hielten sie fest. Im Herd knisterte und knackte es kaum. Lena musste entsetzt zusehen, wie die Puppe in ihrem Kleidchen sehr rasch zu einer Masse schmolz. – Lena trauerte sehr um ihr Kind. Die Erwachsenen achteten nicht darauf. Wenn das Erlebnis auch lange her war, das Bild der brennenden Puppe schmerzte Lena noch immer.

In der Küche durfte Lena malen und basteln. Der Tisch war mit einem Wachstuch bedeckt. In der Schublade lagen Farbstifte,

Wasserfarbenschachtel, die Schiefertafel, Kreiden, farbiges und weisses Papier. Alles war Lena zugänglich. Anders verhielt es sich mit der Schublade des Schrankes. Darin lagen Mutters «Geschäfte», Milch- und Markenbüchlein, Kalender, Geldbeutel. Ein, zwei Mal hat Lena daraus einen Zehner genommen. Nach wenigen Tagen hat sie es nicht mehr ausgehalten und es der Mutter gesagt. Deren Schimpfen hat sie erleichtert hingenommen.

An der Rückseite der Küchentür war die Einkaufstasche, daneben hingen Abtrocknungstuch und Toilettentücher. Weil die Türe immer offenstand, war alles versteckt. Sonntags hingegen nie. Da kochte die Mutter bei geschlossener Türe. An diesem Tag duftete es immer wunderbar nach gebratenem Fleisch, Bohnen oder Sauerkraut, nach Zwiebeln und Kräutern. Sonntags tranken die Eltern zum Essen ein Glas Wein. Einen Spritzer davon erhielt Lena in Zuckerwasser.

Von ihrem Essplatz aus sah Lena durchs Fenster eine Ecke des Gartens, dahinter den Lindenhubel, in der Ferne Berge und ein Stück Himmel. Dieser Ausblick war ihr wichtig. Sie sah, wie das Wetter war. Sie beobachtete, wenn im Frühjahr auf der Günzenen der Schnee am Schwinden war. Wenn er weg war, durfte Lena statt der Strümpfe endlich Socken anziehen. Ein herrliches Gefühl.

Etwas Besonderes bot sich immer am Ostersonntag. Von ihrem Platz aus konnte Lena auf dem Lindenhubel ein Glänzen und Blinken entdecken. Es war die Dorfmusik, die dort mit feierlichen Klängen dem Dorf die Osterbotschaft überbrachte.

An gewissen Tagen kam Lena der Essplatz jedoch wie ein Gefängnis vor. Sie musste ja stets alles essen, was auf den Teller kam. Das zwang sie am Tisch sitzen zu bleiben.

«Ein Theater ist das mit dir», sagte die Mutter, wenn Lena mit dem Essen im Teller spielte. Doch da waren Seen, Berge, Täler, Bächlein, wenn sie den Kartoffelstock und das Gemüse hin und her schob.

Von ihrem Platz aus sah Lena auch den Wecker an der Wand neben dem Fenster. Vaters und Mutters Gespräch hatte oft mit der Uhrzeit zu tun. Dann blickte Lena zu ihm. Dieser Wecker hatte, wie es schien, eine grosse Macht. Nach ihm richteten sich das Essen, die Radiosendungen, die Abwesenheit der Mutter. Mit seinen Ziffern schien er Lena zuzuzwinkern. Seine Zeiger zeigten einmal ein ernstes, einmal ein lachendes Gesicht. Mit seinen grossen Glocken auf an seinem Kopf hörte er wohl alles, was geredet wurde. Mit den Leuchtziffern wird er wohl auch nachts alles in der Küche beobachten.

Manchmal war Lena allein in der Küche, etwa, wenn sie mühsam mit den Fingernägeln die Kartoffeln für die Abendrösti häutete, wie es ihr die Mutter aufgetragen hat. Den Schnitzer durfte sie noch nicht benutzen.

Auch nachmittags war sie dort oft allein, suchte im Küchenschrank nach einem Leckerbissen, fand nur Beerenkonfitüre, geschmolzene Butter, Magerkäse, Schwarzbrot. Von diesem stopfte sie sich ein wenig in den Mund, zerkrümelte am Tisch träumend ein Bröcklein. Da kam es vor, dass der Wecker auf einmal lauter tickte und sie zu ihm aufschaute.

Erika von Gunten, Spiegel/Köniz, Ausbildung am Konservatorium (Klavier) und an der Schauspielschule Bern. Von 1979–97 am Stadttheater Bern. Sechs Jahre journal. tätig (Kolumnen). 20 Jahre Mundartgeschichten für Radio DRS. 1973 DRS-Sonderpreis Kurzgeschichten. 1986 AL'86 Arbeiterliteraturpreis Veröffentlicht u.a. «Basilikum und Zikaden»; «Frauengesichter»; «Ds Loch im Zuun»; «Us em Quartierbuech»; «Nimm Lilien vom Strand»; «Lue dä Mönsch»; «Keine andere Zeit als diese»; «Was bleibt ... ist Liebe».

SPRECHEN
Ernst Waldemar Weber

Sokrates soll gesagt haben: «Sprich, damit ich dich sehe». Ein schönes und wahres Wort! Sprechen ist eine unserer kostbarsten Fähigkeiten, damit zeigen wir unsere geistige Präsenz, und mit der Stimme offenbaren wir unsere Person.

Beim Schweizer Radio gibt es eine Wetterfee, die so munter spricht, dass einem das Herz aufgeht. Ihre glockige Stimme klingt so elastisch, und die Wörter kugeln ihr förmlich aus dem Mund, dass man gute Laune kriegt, sogar, wenn sie Regen ansagt. Es ist eine Lust, ihr zuzuhören.

Leises und undeutliches Sprechen dagegen ist ein Zeichen des geistigen Abbaus, das ist mir beim Vorlesen in einem Altersheim aufgefallen. In neueren Tests wurde denn auch nachgewiesen, dass Personen, deren Artikulation nicht mehr perfekt ist, Mühe haben, selbst einfache Sätze zu verstehen. Und Schüler, die schluddrig artikulieren, machen mehr Rechtschreibefehler, das passt in dieses Bild.

Die Pflege der Stimme und des guten und klaren Sprechens ist daher eine Hilfe, um geistig fit zu bleiben. Ich hatte das Glück, in diesen Belangen besonders gute Erfahrungen zu machen. In einem Kurs bei Coblenzer lernte ich, wie unser Atem funktioniert: Beim Einatmen wird das Zwerchfell, unser quer im Rumpf liegender grösster Muskel, tonisiert (das heisst: es füllt sich prall mit Blut). Dadurch wird es dicker und senkt sich. Und weil die Lunge nachgezogen wird, füllt diese sich mit Luft.

Besonders interessant ist das sogenannte «Abspannen», die rasche Luftergänzung: Beim abrupten Lösen der Artikulationsspannung – etwa nach einem kräftigen «sch» – erfolgt die Tonisierung innerhalb einer Fünftelsekunde, und die Luft strömt lautlos ein. Mit diesem Trick kann der Muskel sogar trainiert werden, und so ist mein Zwerchfell – dank systematischen und beharrlichen Übens – stark und flexibel geworden. Das Atmen beim Sprechen oder Singen passiert jetzt automatisch und blitzschnell, es gibt kein «Einschnaufen» mehr. Ich kann einen langen Vortrag halten oder einen ganzen Liederabend singen, ohne je hörbar zu atmen.

Ein starkes Zwerchfell bietet eine Menge weiterer Vorteile: Es ist die perfekte Atemstütze, das heisst, die beim Singen und Sprechen benötigte Luft wird optimal dosiert. Das ermöglicht eine saubere Artikulation, und die Stimme bleibt rund und klangdicht bis ins hohe Alter.

Dieser einfachen Atemtechnik, verbunden mit lustvollem Deklamieren von Texten, verdanke ich meine Fitness. Denn ein trainiertes Zwerchfell hilft auch zu einer guten Haltung, weil es mit der Rückenmuskulatur verschränkt ist. Es ist fast fünfzig Jahre her, dass mir ein Chiropraktiker beim Anblick der Röntgenbilder meines Rückens prophezeite, ich werde von nun an jedes Jahr nach Leukerbad zur Kur gehen müssen. Das wurde – dem Zwerchfell sei Dank – glücklicherweise nie nötig. Die Skoliose in meinem Rücken besteht zwar noch immer, aber ich habe auch mit 95 Jahren keine Rückenprobleme.

Vor vielen Jahren hat mir ein väterlicher Freund ein kleines Büchlein geschenkt: Ernst Wiechert: «Von den treuen Begleitern». Dieser feinsinnige Dichter erzählt, wie er im Grauen der Kriegsgefangenschaft aus Gedichten die Kraft zum Überleben schöpfte. Seither ist «Der Mond ist aufgegangen» von Matthias Claudius eines meiner liebsten Gedichte. Und viele weitere sind auch mir zu ständigen Begleitern geworden. Sie stehen mir auswendig zur Verfügung, wann immer ich sie rufe, wenn ich irgendwo warten muss, wenn der Schlaf nicht kommen will oder wenn ich sinnend auf einer Parkbank sitze. Dann lasse ich mich tragen von den Klängen und vom Rhythmus der Verse, diesem «göttlichen Hoppsassa», wie Nietzsche einmal sagte. Ich lasse die Bilder auf mich wirken, erlebe grosse Gefühle, grüble in tiefen Gedanken. Diese Gedichte gehören mir, aber sie gehören auch tausend andern Begeisterten, die sie als unveräusserlichen Besitz ebenso hüten wie ich.

Wer jeden Tag Gedichte und Lieder gut artikuliert rezitiert und singt, tut sich in mehrfacher Hinsicht Gutes: Der Atem wird trainiert, die Stimme bleibt geschmeidig und ohne falsche Luft, und man hält sich gerade.

Denken wir etwa an den «Taugenichts» von Gottfried Keller, wo mit wenigen Worten eine idyllische Landschaft vor unserem Auge entsteht, und es dann so unvergleichlich heisst: «Der Vollmond warf den Silberschein dem Bettler in die Hand, bestreut der Frau mit Edelstein die Lumpen, die sie wand». Und in dieses grossartige Bild hinein die herzzerreissende Geschichte des kleinen Betteljungen, der statt der Pfennige eine wunderbar duftende Hyazinthe heimbringt und dafür Schläge erntet! «Es perlte seiner Tränen Fluss, er legte sich ins Gras und zog aus seinem wunden Fuss ein Stücklein scharfes Glas.» Doch die gute Nachtigall, gerufen vom Gott der Taugenichtse, singt ihn mit süssem Schall in den Schlaf.

Mit solchen Perlen lässt sich ein zauberhafter Fundus von Poesie anlegen, der uns in Tagen der Einsamkeit und Schmerzen eine Hilfe sein wird. Und wer dank dieser Schätze und ihrer täglichen Pflege seiner klaren Stimme mächtig bleibt, kann darauf hoffen, mit heilem Leib und wachem Geist alt zu werden.

Ernst Waldemar Weber, geboren am 14. April in Bern, Lehrerseminar, Sekundarlehrer in Muri. Zweitausbildung als Sänger (Lehr- und Konzertdiplom), engagiert in der Lehrerfortbildung (Musik, Tanz, Sprecherziehung). Schulversuche mit erweitertem Musikunterricht, dann drei Jahre Nationalfondsprojekt mit 50 Klassen. Nach der Pensionierung Engagement für besseren Musikunterricht im Musikrat. www.ewaweber.ch.

DER CLOWN GOTTES
Werner Wüthrich

Ich liebe die Possen, da ich ein Clown Gottes bin. Aber ich finde, ein Clown ist nur dann vollkommen, wenn er die Liebe zum Ausdruck bringt, wenn er das nicht tut, ist er für mich kein Clown Gottes.
WASLAW NIJINSK

Die Handlung der Szenenfolge in vier Bildern und 67 Nummern – hier einen Ausschnitt aus dem Zweites Bild – beginnt am Ende einer Vorstellung im Zirkuszelt und endet zu Beginn des neuen Tages.

Szene 11
Besucherin: Wir benötigen alle Aufmerksamkeit. In jedem unserer Berufe.
Artist: Das steht auch Ihnen frei. Und spät ist es ausserdem geworden.
Besucherin: Das macht einen ja oft unglücklich. Kennen Sie das Gefühl nicht?
Artist: Wenn ich hinter dem Vorhang stehe, während man mich ankündigt, bin ich nicht mehr ich. Das heisst, gänzlich ohne Emotionen. Aber jetzt spreche ich nicht über mein Unglück. – Der Tusch. Das Orchester. Der Vorhang öffnet sich. Ich trete in die Manege –
Besucherin: Und?
Artist: zeigt es, dreht sich um die eigene Achse. Alles, alles ist da.
Besucherin: applaudiert. Bravo! Bravo! – Mir selber schnürt es oft den Hals zu.
Artist: Wie? Vom Zirkus sind Sie nicht. – War's vorhin, bei meiner Schlussnummer?
Besucherin: Nein, bestimmt nicht. All die letzten Jahre, wann immer ich mich versetzen lasse und eine neue Stelle antrete, habe ich eine Erfahrung gemacht –

Artist: Sorry!
Besucherin: Ich weiss. Sie sind nicht zuständig, so viel weiss ich selber auch! Brauche keinen Rat von niemandem.

Szene 12
Die Besucherin steht vor dem Vorhang zum Ausgang. Der Artist in der Manege.
Besucherin: erst zu sich. Wenn mein Vorhang aufgeht. Der Schlussakkord des Orgelspiels verhallt. Ich mich in der Abdankungshalle vom Stuhl erhebe, mich von der Kanzel zu den Kirchenbänken vorbeuge –
Artist: ruft. Mir würde das den Hals zuschnüren –
Besucherin: ruft zurück. Sie Glücklicher!
Stille. *Der Artist findet nicht zur Konzentration.*
Besucherin: Allerdings ... – *hält sich fest am Vorhang.* Ich kann nicht mehr. Endgültig nicht, nach dem Nachmittag auf dem Friedhof. Dem heutigen Tag und Abend hier. – *Sie deutet den freien Fall des Artisten von der Zeitkuppel an; im Dunkeln ihren Schrei.*

Szene 13
Artist: In der Show im Dunkeln, der Zugabe mit den fluoreszierenden Lämpchen, habe ich gern den Thrill. Im freien Fall vom Trapez in der Zeitkuppel, den ultimativen Kick. Meine Schlusspointe ... Nummer ist zwar unzutreffend. Ein echt blödes Wort. Wie Show auch. Aber man nennt das nun mal so.
Besucherin: Ob's stimmt oder nicht. – Sie sind ein besonders wilder, um nicht zu sagen ein ganz ungestümer, verwegener Zauberer.
Artist: Entschuldigung. – Das ist nicht unbedingt ein Land der Illusionisten.
Besucherin: Sie meinen Illusionen? – Was starren Sie mich an wie das achte Weltwunder?

Artist: Sie mögen Wunder –
Besucherin: Wie kommen Sie darauf? Ob ich lieber Kreuzworträtsel oder Wunder mag, ist weissgott nicht von Belang.

Szene 14
Artist: Wenn im Zirkus einer auftritt, fällt als erstes seine Person auf: Hat er oder sie Charisma – ja oder nein. Dann erst kommen Stimme, Alter, Gang durch die Manege.
Besucherin: Mein Ziel wäre es –
Artist: im Abgehen. Beiläufig, alles. Nebbich!

Szene 16
Der Artist geht auf die Besucherin zu. Beide betrachten sich lange.
Artist: Ich könnte Sie mögen.
Besucherin: Bin ohne Halt und Boden –
Artist: Jedenfalls ist hier noch Boden unter unseren Füssen. Wenn auch bloss auf Zeit.
Besucherin: Jedenfalls ist es bald Mitternacht –
Artist: Ich sehe, Sie lieben Ihre Auftritte ohne Plan. Die anderen langweilen Sie. Dies würde am Trapez ganz und gar nicht gehen. Da ist absolute Präzision verlangt. Keine Improvisation. Kalte Berechnung der Flugbahn und wenn man den dreifachen Salto mortale einmal geschafft hat, kann man ihn immer wiederholen. Learning be doing, trial and error. Wenn's schief läuft, ich die Balance der Kräfte und Geschwindigkeiten nicht exakt kalkuliere, kann es tödlich enden. Mir dabei aber zuzuschauen und den Unterschied festzustellen zwischen kalkulierter handwerklicher Präzision und rhetorischer Improvisation verschafft Ihnen wieder Boden – *Stille.* Vorhin wollten Sie von einer Erfahrung erzählen, die Sie all die Jahre gemacht hätten –
Besucherin: Meinen Sie im Beruf oder privat?
Artist: Sie haben die Antwort –
Besucherin: …die keinen interessiert.

Szene 17
Besucherin: Anyway... Alles, was mich persönlich betrifft, also Begegnungen etwa, die nicht langweilen, geben mir das Gefühl, sei, wie soll ich's sagen, einmalig.
Artist: Welche Talente oder Fähigkeiten braucht es in Ihrem –
Besucherin: «In Ihrem...» – Alltag oder was?
Artist: ... Gewerbe? *Besucherin amüsiert sich.* Bitte, lassen wir das. Ich bitte Sie. Verstehen Sie mich nicht falsch. Ich bin kein Wortkünstler, wie Sie womöglich. So legen Sie mir doch nicht jedes Wort auf die Goldwaage.
Besucherin: Ich?
Artist: Ja, Sie! – Ich frage Sie nach Fähigkeiten und Beruf –
Besucherin: lacht. «Wortkünstler» ist gut. Treffend für mein «Gewerbe».
Artist: Lassen Sie mich raten? Bitte, bitte ... *stimmt ihm zu.* Natürlich, eine Ahnung hat man. Hausfrau sind Sie nicht, berufstätig schon.

Szene 20
Artist: Die Manege gehört mir. Nach der Vorstellung. Und über Mitternacht hinaus. Dann bin ich hier und jetzt mein eigener Herr. Bin nicht länger euer Traumtänzer und Artist, der auf Befehl Dädalus und Ikarus gleichzeitig spielt. Und Sie sind ... –
Besucherin: Ich? – Ich bin Ihrer Ansicht nach das staunende Augenpaar. Lungen, die den Atem anhalten. Und die Hände, die zum Applaus nach jeder Nummer klatschen –
Artist: Unsinn! Sie sind nicht irgendwer.
Der Artist sichert sich und steigt die Strickleiter hoch.
Besucherin: hinauf sprechend. Aber ich habe Sie doch verfolgt. Ihre Auftritte. Abend für Abend, jede Vorstellung bin ich hergekommen. Nur wegen Ihnen. Habe Ihnen hoch über der Arena zugeschaut. War wie gebannt. Muss Ihnen doch aufgefallen sein –

Artist: von oben, aus dem Off. Schmeichlerin.
Besucherin: Immer von einer anderen Seite. Auf einer anderen Zuschauer-Reihe. Damit es niemandem auffällt.
Artist: Das beherrschen Sie. Das können Sie echt gut. *Er kommt herunter.* Einem nach dem Mund reden. Beabsichtigte Täuschung, das ist Ihr Metier. Die Leute an der Nase herumführen. Ich kenne mich da aus: Sie im Kirchensprengel, ich hier unter dem Chapiteau. *Er zeigt über ihnen auf den Zirkushimmel.* Shok and Awe zu verbreiten, das ist unser Gewerbe, Ihres wie meines. Ah! Furcht und Schrecken. – Unsere Täuschungen, der Thrill mit dem letalen Ausgang wird hoch bezahlt. Kein Wort glaube ich Ihnen. Ich kenne Ihre Tricks, Sie die meinen nicht. *Die Besucherin geht.* Warten Sie!

Werner Wüthrich (1947), geboren in Ittigen BE, studierte an der Universität Wien Theaterwissenschaften, Germanistik und Philosophie. Seit 1972 Theaterautor und freiberuflicher Schriftsteller. Theater- und Filmarbeit. Internationale Auszeichnungen und Preise, u. a. Doron-Preisträger 2004. Wissenschaftlicher Kurator; Dozent an Schauspielschulen und Universitäten. Er ist als Brecht-Forscher bekannt. www.wwuethrich.ch.

ENTLARVUNG
Katharina Zimmermann

Die Stimmung beim Mittagessen ist ausgezeichnet. Alle freuen sich, den Morgen mit seinen Traktanden und den endlosen Vortrag überstanden zu haben. Alle duzen sich, ohne einander zu kennen. Alle setzen sich irgendwo an einen der gedeckten Tische.

Mit dem jungen Mann, der mir gegenübersitzt, klappt das Gespräch auf Anhieb. Nichts Tiefschürfendes, nur ein Scherzen, ein Witzeln. Lustvoll kreuzen wir unsere Klingen, werfen uns Worte zu. Ein heiteres Spiel zwischen zwei Fremden. Wir amüsieren uns hin und her, durch Suppe, Salat und Entrecote.

Beim Dessert kommt der Leiter der Tagung mit dem Gastreferenten zu uns und stellt ihm die Leute am Tisch mit Namen vor.

Ein Schreck. Ein Schock. Das Spiel ist aus.

Beide senken wir die Köpfe. Das Lachen ist uns vergangen. Unsere Namen, die wir bis anhin nicht kannten, sind uns entsetzlich peinlich.

Beide starren wir auf das rosa Ding im Teller. Eine Kugel, hübsch verziert mit Minzeblättern.

Ich möchte verschwinden, jetzt, auf der Stelle, unter den Tisch oder gleich vom Erdboden. Unsichtbar werden. Er vielleicht auch. Ich bemerke sein Schielen nach Fluchtmöglichkeiten.

Nichts zu machen. Die Servierfrau erscheint, bringt Kaffee.

Kein Wort mehr über den Tisch. Wir sind im Bann der beidseitigen Entlarvung.

Da ist er, mein unbekannter Feind. Ein Literaturkritiker. Ihm schrieb ich den schärfsten Brief meines Lebens.

Vor zwei Jahren hatte er mein letztes Buch verrissen. Nicht nur ein wenig, um gegen Schluss dann versöhnlich zu werden, doch noch auf Qualitäten hinzuweisen, wie das andere tun. Nein, er hatte den Verriss sichtlich genossen und dazu die ganze Kulturseite einer Tageszeitung benutzt. Damit hatte er sich als junger Kritiker besser profiliert, als wenn er den Text gelobt hätte.

Wer einen ganzen Roman zerzaust, wird im Betrieb der Literaturkritik viel ernster genommen als einer, der ihn wohlgefällig gelten lässt.

Der Verriss schmerzte.

Und er war ungerecht.

Ich hackte meine Wut in die Tasten – Sie haben mir in zehn Minuten ... was ich in drei Jahren ... – und schickte den Brief an seinen Namen auf die Redaktion.

Seither habe ich gelernt, so etwas zu unterlassen und wie andere Autoren und Autorinnen vornehm zu schweigen, stille Grösse zu zeigen, wenn das eigene Werk in der Presse kritisiert wird.

Damals schrieb ich.

Kurz und böse.

Und er schrieb zurück, erklärte, beschönigte und suchte sich zu verteidigen. Seinen Brief las ich nur flüchtig, warf ihn gleich in den Müll.

Eben haben wir uns beide so gut unterhalten. Solang die Maske sass, war es lustig.

Jetzt nicht mehr.

Mit niedergeschlagenen Augen löffeln wir unsere Desserts.

Nein, das halte ich nicht mehr aus.

Ich gehe um den Tisch herum und setze mich auf den frei gewordenen Stuhl neben ihn.

«Du, vor zwei Jahren hätte ich dich erwürgen können», sage ich ihm vertraulich.

Er nickt, weiss genau, was ich meine.

Verlegen erläutert er noch einmal, warum er das Buch so und nicht anders besprochen habe, fügt aber gleich bei, er verstehe meine Reaktion jetzt besser, habe er doch inzwischen selber ein Sachbuch herausgegeben und komme sich nach dem Urteil einer Rezensentin ungerecht behandelt vor.

Aha, also auch er, denke ich und spüre eine gewisse Genugtuung.

Wir lassen das Thema, beschliessen aber, gemeinsam heimzureisen.

Im Zug setzen wir uns wieder gegenüber, blicken erst stumm zum Fenster hinaus, fallen dann zurück in ein Wortgeplänkel, wenn auch nicht mehr so federnd leicht wie während des Mittagessens, vorsichtig bestrebt, nichts Berufliches zu berühren.

Nachdem wir uns in der Bahnhofhalle lachend verabschiedet haben, kommt er noch einmal zurück. Das Lachen ist weg. Er schaut mich an.

«Bist mir nicht mehr bös?»

Katharina Zimmermann- Indermühle (1933), geboren in Bern, Lehrerinnenseminar Bern, Musikhochschule Detmold/D), Heirat mit Christoph Zimmermann, 15 Jahre Entwicklungshilfe in Indonesien, seit 1980 Schriftstellerin in Bern.

Sechs Kinderbücher, zwölf Romane (Zytglogge).

MY WÖRTERSACK
Hans Jürg Zingg

Gedicht ir bäärner umgangsschpraach (spouken wöörd)

wörter

sy widerschpänschtigi vycher
wörter drässieren isch
gschick u glückssach i eim

my wörtersack
het platz für
ne ganzi menaschrie
das quytscht u chrääjt u rööret
das summset rumplet gramüselet
joulet u maunzet dadrinn
da schticht
doch jede dr gwunder

pas aber uuf
bim uftue
di vycher sy läbig
u schnäu wi tüüfu
si hei e kes schämdi
si gö under d hut
penetriere dys hiirni
verletze dy intymsfääre
da nützt aus ghiirnwösche nüüt
u yschpere chasch se nümm

lue ne zue u laa se la mache
di gglöön
u we d öppen einisch ab ne chönntsch lache
wäärs schöön

uguet

i ha geng e chly es uguets gfüeu
bi dene adjektiv mit u-
einersyts gfauts mer u-guet
das ds bäärndütsch so u-wandligsfähig isch
u stüecht mi u-bequeem
das mer so nes u-gäbigs syschteem
zur bedütigsverschterchig entwicklet hei
wo sech unger de junge
e re u-huere beliebtheit erfröit
aber angersyts
schynts mer mängisch
eifach ugäbig u unbequeem
ja fasch e chly unheimlech
das me di adjektiv
mit e re so unbedütende veränderig
i ires bedütigsgägeteil cha verwandle
isch itz öpper u-bedütend
oder unbedütend
ischs mer znacht elei uf dr schtraass
u-heimelig oder uheimelig
oder vilicht sogaar
u-uheimelig
u hei mer itz es u-gäbigs
oder es u-ugäbigs syschteem
das isch für mii
es u-unglöösts probleem

spoukenrittenritt

spouken wöörd
isch ritten wöörd
schnureryff schryben oder
schrybe wi me redt
schrybe das d lüt säge
hei das isch musig

spouken wöörd
wo wi ritten wöörd
ritten wöörd
wo wi spouken wöörd

druckryf schnuren oder
schnureryf schrybe das
hei scho dr lessing
dr lenz u dr gööthe
wieherrlichleuchtet
geschwindmeinherz
zupferdezupferde
mirdienatur

läset wider gööthe
hei das isch musig
läset wider gotthäuf
schnureryf gschribe
läset wider loosli
luewidaszabletugabletujufletumacht

ritten wöörd
wo wi spouken wöörd
spouken wöörd
wo wi ritten wöörd

läset wider maarti
kurt oder werner
rosawidurosabisch
dänidweiswasliebiheisst
läset wider widmer
ryter unger em ys
terfögiischesouhung
läset martin frank

ritten ir bäärner
umgangs ir bäärner
umgangs
schpraach
umgangs
schpraach

auso spouken
auso wöörd
auso wöörd
auso wöörd isch
überaaau

eloquänzbrunz-räpli

waansinn di brylianz
vo üser eloquänz
bi völliger absänz
vo jeder redundanz
gwaltig di bylanz
vo üser konferänz
toll di transparänz
vo üsere finanz
irrsinn di brysanz
vo üser kompetänz
bi hööchschter effiziänz
vo üser alianz
verglycht me d dominanz
vo üser inteligänz
mit öjer impotänz
i sache toleranz
gschpürt me klaar d aroganz
vo re möchtegäärn-presänz
u so ne impertinänz
findet null akzeptanz

das alles hätt betrachtet us dr nöötige dischtanz
gmässen ar ästhetik vo kadänz u kongruänz
formuliert mit schtringänz aber ooni larmoyanz
d konsischtänz vo re pfunds dissonanz
beschtieng da nid d latänz
bi aller penetranz
di schweelendi latänz
vo re sanfte
resiliänz
dank demänz

soo ne brunz
grunzgrunz

gchrüziget (my chlyni passion)

denn a däm karfryti aabe
zbäärn i märiäns tschäässruum
het mer eine vo de wäutbeschte drömmer
wo sinnigerwys ou no pfarer isch
mit syne giftige schleeg
mys ghöör gchrüziget
göttlech het er prediget
uf syne dröms
dä tüüfustrummler

gott schtraaft sofort
dr tüüfu no eender
är hocket i mym oor
är pfyft mer taag u nacht eis voor
u was no fataal isch
dä siech
isch so unmusikaalisch
kennt numen eieinzige toon

dä isch sider denn
my chlyni passion

pangsioniert

pangsioniert
me gratuliert der
itz chaschs de gniesse
äntlech nütme müesse
geischtig vital
unternämigsluschtig
platzisch vor pauer
itz woschs nomau wüsse
unruuheschtand   u irgendeinisch
itz nimmsch es a d hand   redsch nümm
eroberisch ds land   du *lyrisch*
     praschtisch
aber irgendeinisch   *ggaaggisch*
schteisch uf em abschteugleis   *schtüürmsch*
ghörsch zum a-ha-vouk   *näärvsch*
zum auten yse   säge si
zum schrott
dys drääjbuech louft itz   u irgendeinisch
nach men angere plot   vo wäge *nütme müesse*
     züglisch vo deheim
irgendeinisch   i nes heim
schaffsch nümm   *itz chaschs de gniesse*
du *schäfferlisch*
krouterisch   dert issisch nümm
nüüschelisch   du *täutschlisch*
bäschtelisch   *mümmelisch*
schryberlisch   *süggelisch*
säge si   *süürflisch*
     söiferisch
     säge si
     u du merksch es

u irgendeinisch
dänksch nümm
du hüenerisch
vergissisch nachen aus
gnuusch im fadechöörbli

hiirni wi ne schwumm
wi nes löcherbecki
wäärdsch tumm
säge si
u du weisch es

wi heisst itz nume scho daas
won i – demänz
ajaa demänz

u irgendeinisch
vo wäge *nütme müesse*
muesch o duu
abträtte
verreise
ds letschte maau zügle
dr löffu abgää
gaa
u de geisch haut
endederschtange
u me kondoliert

aber nid diir

tutti-frutti

meiers gö uf ds weecee
mäders gö uf ds kloo
mosers gö uf ds hüsli
morgetaalers oo

michus gö uf ds aabee
müuers uf ds klosett
maartis gö zu huebers
find i bsunders nätt

müngers gö uf d schyssi
was nid aune gfaut
margots gö uf d schmeuzi
mattenänglisch haut

mööris hei en abtritt
muralts hei e hafe
mänzis hei e donnerbauke
hoffentlech e braave

mingers hei e dringendi sitzig
mansers tüe verschwinde
muurers schtööne *mues mau schnäu*
scho sy si dahinde

meerzes schlyche an es öörtli
molls di tschetten uf d tualette
mieschers hocken uf d tschibutti
das isch ds weecee-tutti-frutti

schliesslech ii – ganz ooni hoon –
maches uf em troon

Hans Jürg Zingg (1944) lebt seit 1967 in Rüegsauschachen. Während 35 Jahren wirkte er in der Stadt Bern als Gymnasiallehrer. Seit den Siebzigerjahren als Kabarettist, Liedermacher und Radio-Satiriker («Kaktus», «Satiramisú») tätig. Seit 2012 ist Hans Jürg Zingg als ältester aktiver Poetry-Slammer der Schweiz unterwegs.

Werke: «my wörtersack – gedicht ir bäärner umgangsschpraach» (Pro Lyrica, 2014). www.zingg-satire.ch.

OPERA BUFFA (QUASI UNA FANTASIA)
Ueli Zingg

Es ist dumm gelaufen.
Es ist wirklich dumm gelaufen.

Aber beginnen wir am Anfang:

Hast Du noch Töne? – habe ich auf die Einladungskarte geschrieben. Nur das. Sonst nichts. Es ging um meinen Siebzigsten und sollte eine sangesfrohe Tafelrunde werden.

Beethoven reagierte als Erster, er freue sich und sei jetzt schon ganz fidelio. Ist dann aber doch nicht da gewesen und hat später behauptet, er habe von nichts gehört. Verdi meinte, er komme nur, wenn er Aïda mitbringen dürfe. Ich wollte ihm seinen Aufmarsch im Triumph nicht verderben, schrieb, wir würden ihn, als in höchster Begeisterung Gefangene und natürlich im Chor erwarten und begrüssen. Davon musste offenbar Bellini Wind bekommen haben, anders kann ich es mir nicht erklären, dass Norma mir per SMS eröffnete, Bellinis Teilnahme komme ultimativ nur in ihrer Begleitung in Frage. Wer den eigentlich die Hauptrolle spiele in diesem Theater! So viel Überheblichkeit provozierte mich, und ich antwortete zynisch *così fan tutte!*
Was sich als Fehlverhalten meinerseits erwies und vermutlich das Nichterscheinen der beiden erklärt. Jetzt hellhörig, verunsichert und vorsichtiger geworden, schrieb ich Puccini, er solle mir unbedingt mit Tosca aufwarten, und gab beste Grüsse an ihr keineswegs leichtes Schicksal, das sei mir durchaus bewusst, aber sie würde sich gewiss im Grabe umdrehen, wenn er sie allein zuhause liesse. Puccini ging auf meinen Wunsch nicht ein, er habe seine schwer lungenkranke Mimi zu pflegen, das Bohème-Leben sei ihr

nicht gut bekommen. Ich signalisierte volles Verständnis. Will aber ehrlicherweise zugeben, dass mich ihr ständiges und möglicherweise ansteckendes Gehuste bedroht hätte. Mit siebzig weiss man ja nie.

Rossini gab sich geschmäcklerisch, es sei ihm zugetragen worden, meine Küche wäre nicht die allerbeste, er wolle sich das Ganze noch überlegen oder vielleicht erst zum Kaffee kommen. Beleidigt antwortete ich *Steine sollst du fressen, Wasser musst du saufen!* Unnötig zu sagen, dass ich auch in diesem Fall keine glückliche Hand hatte.

Bei Bizet stiess meine Toleranz endgültig an ihre Grenzen. Ich teilte ihm offen heraus mit, er möge doch alleine aufkreuzen, ich wolle nicht, dass sich an diesem Abend eine gewisse resp. ungewisse erotische Unruhe breitmachen könne. Kurz und knapp liess er verlauten, ich sei das Opfer einer Dolchstoss-Legende geworden, und fadenscheinig, er verbringe in diesen Tagen ohnehin mit Carmen eine kreative Auszeit, natürlich in Habana. Ich konnte es nicht lassen, ihm zu empfehlen, mit Hemingway auf Fischfang zu gehen, bevor ihm, als mittlerweile doch älterer Mann, die Glocken zu seinem letzten Stündlein schlagen würden.

Hindemith meinte, die Liste meiner Gäste liesse die Vermutung aufkommen, es handle sich an diesem Abend weitestgehend um eine überkandidelte, den tonalen Harmonien verpflichtete Gesellschaft, da würde er sich kaum wohl fühlen, lieber fahre er per Cardillac zusammen mit dem Fräulein von Scuderi zu Mathis, seinem Malerfreund. Keine Ahnung, was er mir sagen wollte, vermutete den einen oder anderen Schreibfehler und liess die Sache ohne Reaktion auf sich beruhen. Schostakowitsch sondierte vorsichtig, ob er allenfalls den amtierenden russischen Präsidenten mitbringen dürfe, dieser habe Interesse gezeigt und verfüge ganz offensichtlich über die Nase für operettenhafte Inszenierungen. Ich liess mir mit einer positiven Bestätigung Zeit, wollte, damit irgendwie ein politisches Gleichgewicht entstehen möchte, abwarten, ob Gershwin mit seinen beiden Kindern Porgy und Bess zusagen würde.

Schoeck liess verlauten, Penthesilea sei indisponiert, und hinter vorgehaltener Hand, sie leide an psychotischer Verkleisterung, er könne sie unmöglich sich selbst überlassen. Ich verwies, zugegebenermassen wenig feinfühlig, auf die Fortschritte der Psychopharmazeutika. Aber was soll man da auch sagen. Als Leoncavallo auch noch absagte, begegnete ich einer in mir aufkeimenden Depression mit einem gesummten *ridi Bajazzo, ridi*. Wagner schaute auf der Durchreise nach Bayreuth kurz bei mir vorbei, um mir mitzuteilen, Parsifal sei an seiner Männlichkeit unglücklich verletzt worden, er könne sich kaum bewegen. Ob er nicht mit dem fliegenden Holländer anreisen wolle, fragte ich. Wagner fand das ganz offensichtlich nicht lustig. Gar nicht lustig.

Unerwarteterweise wandte sich Schumann an mich, ich hatte ihn nicht geladen; verträumt setzte er sich beinahe kindlich in Szene, schrieb, seine Sehnsucht gelte fremden Ländern und Menschen, solche Partys wie die meine seien nicht sein Steckenpferd, sie würden ihn fürchten machen, da bleibe er doch lieber zuhause am Kamin. Ich war etwas ratlos, schrieb aber höflichkeitshalber grüssen Sie mir Clara, mehr fiel mir beim besten Willen nicht ein.

Mit Schrecken wurde mir bewusst, dass ich Mozart schlicht vergessen hatte, vielleicht in der uneingestandenen Befürchtung, er bringe seinen Freund Giovanni und gleich alle dessen mille tre Eroberungen mit aufs Fest. Umgehend nahm ich mit der Königin der Nacht Kontakt auf, sie sagte leichten Herzens zu. Nun ja, als sich letztendlich herausstellte, dass sie als Einzige gekommen wäre, ging mir der Zauber meines Vorhabens flöten, so liess ich das Ganze fallen. Stattdessen sang ich mit Pamina, meiner Hauskatze, inbrünstig das Miau-Miau-Duett. Zwar war sie felsenfest davon überzeugt, es handle sich dabei um die Hauptarie im Barbier von Seldwyla; da ich einen Streit vermeiden wollte, unterdrückte ich jegliche belehrende Widerrede.

Alles in Allem kann man sagen: Mein Geburtstag war durchaus cantabile.

Aber eben, es ist dumm gelaufen. Es ist wirklich dumm gelaufen. Der Berner Schriftstellerverein veröffentlicht in den nächsten Tagen eine Anthologie mit Beiträgen seiner Mitglieder. Ich wollte mich mit dem obenstehenden Operntext beteiligen. Etwa zur gleichen Zeit stellte ich einen Antrag an die AHV zur Erwirkung einer Ergänzungsleistung. Ein Stapel von Formularen war auszufüllen. Irgendwie musste mich diese Doppelbelastung gestresst haben. Auf jeden Fall schickte ich den Ergänzungsantrag an den Berner Schriftstellerverein und den literarischen Text an die AHV.

Durchaus verständlich, dass das Lektorat mein Ansinnen schroff ablehnte. Und von der Ergänzungsleistungsbehörde habe ich bis zur Stunde auch nichts gehört.

So geht das – würde Maloney sagen.

Ueli Zingg, schrei(b)t seit 1945. Ist im Berner Oberland unterwegs.

STROMBOLI – EINE NACHT AUF DEM VULKAN
Roland Zoss

Der Himmel überm Vulkan trägt schönstes Sonntagsblau. Ein laues Lüftchen geht. Eins, das niemandem ein Härchen krümmen kann. Auch nicht am Bauch von Windgott Äolus.
Schon sind wir auf halber Höhe. Der Berg rumort. Überm Gipfel steigt ein Rauchpilz auf. Zwei Schritte vorwärts. Einen Schritt zurück. Die Schuhsohlen rutschig. Der Sand knirscht unter den Füssen, zwischen den Zähnen, zwischen den Zehen und überall. Dann endet der Pfad. Wir stehen still. Tuff rieselt.
Aufwärts geht's in den schwarzen Grat, die letzte Prüfung vorm Gipfel. Hier wo die Führer stehen bleiben und die Touristen anweisen, sich dicht hintereinander zu halten, das Fotografieren zu unterlassen. *Il regno del diavolo!* Schwarz wie der Teufel. Keine Farbe fürs Auge. Kein erfrischender Bach. Kein grüner Halm. Und keine Wegmarkierungen.
Wir drehen uns nochmals um, zu den Spielzeug-Klötzchen von Häusern. Dort, tief unten, lächeln helle Flachdächer. Das Dorf. Das Objektiv zoomt die Quader der Häuser ganz nah heran: kalkweisse Dächer über schwarzem Strand. Stromboli legt sich schlafen. Der Horizont schliesst seine Wimpern.
Wir stehen am Rand der Nacht in der Gipfelzone. Kein Baum. Kein Busch. Schwarzgraues Geröll. Schwefelgestank. Links geht's neunhundert Meter hinab zum Meer, rechts fünfzig hoch zum Feuerkrater ... und dann steil zum Mittelpunkt der Erde. Das Land ist unwirtlich. Tot bis auf ein paar koldernde Krähen und fernes Stimmengebrumm.
Da stehen wir im letzten Licht – auf dem höchsten Punkt. Auf dieser Mutterbrustspitze, die jede Viertelstunde ihre Magmamilch aus viertausend Metern Tiefe emporschiessen lässt.
Dann versinkt die Sonne im Meer. Ein Grollen – es ist nicht der Vulkan. Es grollt über den Wassern. Und jetzt dämmert es

auch dem letzten der Wanderer, die sich hier um den Kraterrand geschart hat: Da braut sich etwas zusammen.

Wolkenfäuste ballen sich wetterleuchtend überm Meer. Ein Knistern liegt in der Luft. Aus Nordwesten reissen Blitze wie Messinghämmer den Vorhang auf zum ersten Akt in diesem Drama aus Feuer und Wasser – Tanz der Titanen auf dem Vulkan.

Ein paar Mutige haben sich in einmeterhohen steingeschützten Unterständen eingenistet. Die Vernünftigeren schieben die Kamerastative zusammen und ziehen in einer langen Lichterkarawane ab. Zum *Arrivederci* brüllt der Vulkan auf, schleudert aus dem Hauptkrater feuerglühende Lavafontänen über den Grat. Kameraauslöser klicken. Blitze leuchten auf. Dann fegt Böe um Böe heran. In Windeseile ist der Gipfel in Wolken gepackt. Man sieht kaum mehr die eigene Hand vorm Gesicht.

Der Dunst feuchtet das Haar, durchkämmt es mit fettigen Fingern. Eine Spannung liegt in der Luft … als streichle dir jemand über die Stirn. Irrlichternde Blitze. Vergraben in unsere Windjacken sehen wir, wie sich unser Haar lotrecht aufstellt. Und wir kapieren auf einmal, dass wir Blitzableiter sind. Blitzableiter aus Fleisch und Blut, zuoberst auf dem Berg. Elektrostatisch aufgeladen. Inmitten von Millionen von Ampere.

Aus dem Lichtkegel der Taschenlampe brüllt Nicole mich an: «Du siehst aus wie ein Ausserirdischer, komm schnell weiter!»

Es donnert, und man ahnt, irgendwo macht sich schon der nächste Blitz bereit. Sucht sich den Weg des geringsten Widerstands, wird vielleicht in menschliches Fleisch einschlagen, das in eine Jacke gehüllt zuoberst auf dem Gipfel steht.

Regen setzt ein. Nicole schweigt. Der Sturm hat ihr den Mund verschlossen, fetzt ihr die Kapuze ins Gesicht. Wir werfen uns zu Boden. Sehen ein paar Gestalten an uns vorüberwanken: Frauen in Leggins und Sandalen. Ihr Haar wie ein Pfauenrad aufgestellt. Sie haben es noch nicht einmal bemerkt.

Wir robben zu einem Unterstand, atmen auf im Windschatten der Steinmauer. Als seien wir gerettet. Dabei beginnt die Vorstellung erst so richtig. Ein ausserirdischer Wasserwerfer knüppelt alles nieder. Dass Rucksack, Kamera und die Filme nass werden könnten, ist unbedeutend. Es geht ums nackte Überleben. Aneinandergedrängt liegen wir auf der Erde, zitternd vor Äolus' gottserbärmlicher Wut. Aus den Fingerspitzen der hochgestreckten Hand züngeln blaue Flämmchen. Die einbrechende Nacht ist eine einzige dramatische Orgie. Der Orkan versucht uns den Verstand aus dem Leib zu blasen, uns auseinander zu reissen. Er schwemmt die Augen zu, schlägt auf alles Leben ein. Der Nebel, die Nässe, das Aroma der Angst, vermengt zu einem betäubenden Gebräu: Hier sitzen zwei zitternde Wesen in einer prasselnden Ursuppe, einem Neandertalergefühl, flehend zum Wettergott, der sie gnadenlos in die Steinzeit zurückpeitscht in die Urzeit der Gefühle.

Die Daten im Kopf sind gelöscht. Jede Herkunft vergessen. Name. Sprache. Geschichte.

Blitz und Donner wühlen das Herz auf und halten es am Schlagen: eine warme innere Faust. Die Zeit ist tot. Die Füsse sind tot. Und alles ist nass.

Nach einer Ewigkeit dämmert es im Osten. Die Sonne, eine rötliche Faust im Osten. Die Wolken reissen auf. Wir umarmen uns. Ziehen die nassen Kleider aus und wärmen unsere Körper aneinander. Atmen uns zurück ins normale Leben…

Der Wind hat sich gelegt. Die Felsen glänzen regennass. Es riecht nach Schwefel. Wir steigen ab zum Dorf. Statt die steile Direttissima gehen wir über weit ausholende Serpentinen. Zurück in die Zivilisation, zurück zu den Menschen.

unveröffentlichter Text zum Erzählband: «Die Insel hinterm Mond»

Roland Zoss (1951), lebt in Bern und auf den Liparischen Inseln. Ethnologe, Schriftsteller, Musiker. Vater von zwei Kindern und Begründer des modernen Berner Mundart-Kinderlieds mit über zwei Dutzend CDs und Büchern.

Bekannteste Werke und Figuren: Xenegugeli-ABC und Schweizermaus Jimmy Flitz. www.chinderlied.ch. www.rolandzoss.com.

Im ewiPOS Verlag sind bereits erschienen:

Gertrude und das Geburtstagsfest
Gertrude ist eine ältere, stolze, aber leider nicht mehr so schnelle Weinbergschnecke, deren Tage meist ruhig und in geordneten Bahnen verlaufen. Dies ändert sich allerdings schlagartig als sie eine Einladung von ihrer Freundin Sabiene zur Geburtstagsparty erhält. Da Zeit und Hast für Schnecken eine schlechte Kombination sind und das richtige Outfit noch nicht bereit ist, muss Gertrude sofort mit den Vorbereitungen starten.

Der Autor **Thomas Hügli** *und die Zeichnerin* **Silvia Rohrbach** *legen mit diesem Buch eine fantasievolle, witzige Geschichte vor, die von Freundschaften, dem Überwinden von Grenzen und vom Rock'n'Roll erzählt. Die detailreichen Zeichnungen machen aus der Geschichte ein Werk, das man immer wieder gerne zu Hand nimmt und um Neues darin zu entdecken.*

Hochdeutsch: Gertrude und das Geburtstagsfest / 978-3-033-05120-1
Berndeutsch: D Gertrud u ds Geburifest / 978-3-033-05119-5

Kahraman – Berner Kampfhasenkrimis
Dies ist die wundervolle Geschichte von Kahraman, dem kleinen Tibetanischen Kampfhasen, der im Nationalpark von der Familie Güney gefunden und schliesslich adoptiert wurde.
Zusammen mit Izmajil, dem Berner Strassenwischer, und Kahraman, dem Kampfhasen, erlebt der Leser die eine oder andere wilde Geschichte.

Kahraman – Berner Kampfhasenkrimis / 978-3-033-01644-6